○小红楼论学文丛

童庆炳　著

童庆炳谈文心雕龙

河南大学出版社

图书在版编目(CIP)数据

童庆炳谈文心雕龙/童庆炳著. —开封:河南大学出版社,2008.4

(小红楼论学文丛)

ISBN 978-7-81091-793-3

Ⅰ. 童… Ⅱ. 童… Ⅲ. 文心雕龙-文学评论 Ⅳ. I206.2

中国版本图书馆 CIP 数据核字(2008)第 035289 号

责任编辑　靳宇峰
责任校对　王丽霞
封面设计　凤文传媒

出　版	河南大学出版社
	地址:河南省开封市明伦街 85 号　邮编:475001
	电话:0378-2825001(营销部)　网址:www.hupress.com
排　版	郑州市今日文教印制有限公司
印　刷	河南省诚和印制有限公司
版　次	2008 年 4 月第 1 版　　印次　2008 年 4 月第 1 次印刷
开　本	890mm×1240mm　1/32　印张　7
字　数	156 千字　　插页　1
定　价	14.00 元

(本书如有印装质量问题,请与河南大学出版社营销部联系调换)

2008年作者于小红楼寓所

童庆炳，1936年生，福建连城人。北京师范大学教授、博士生导师，中国中外文艺理论学会副会长，中国作协理论批评委员会委员，教育部人文社科重点研究基地北京师范大学文艺学中心主任，长期从事文艺理论和美学的教学与研究。主要著作有《中国古代诗学与美学》(1992)、《文学概论》上下卷(1994)、《文学活动的审美维度》(2001)、《现代诗学十讲》(2005)等。其主编的《文学理论教程》(1992)获国家教学成果奖，多部专著获教育部人文社科著作奖。

目　录

小引 …………………………………………………（ 1 ）

刘勰论文原、文变

《文心雕龙》"道心神理"说 ………………………（ 3 ）

《文心雕龙》"奇正华实"说 ………………………（ 21 ）

《文心雕龙》"会通适变"说 ………………………（ 36 ）

刘勰论文体、风格

《文心雕龙》"因内符外"说 ………………………（ 55 ）

《文心雕龙》"循体成势"说 ………………………（ 70 ）

《文心雕龙》"感物吟志"说 ………………………（ 88 ）

刘勰论文学创作

《文心雕龙》"神与物游"说 ………………………（109）

《文心雕龙》"风清骨峻"说 ………………………（120）

《文心雕龙》"情经辞采"说 ………………………（145）

刘勰论作品构成

《文心雕龙》"杂而不越"说……………………………（161）

《文心雕龙》"比显兴隐"说……………………………（179）

《文心雕龙》"言外重旨"说……………………………（200）

小　引

中国现代有两种学问是以书名命名的,第一是"红学",第二就是"龙学"。"龙学"者,《文心雕龙》学也。《文心雕龙》是梁代刘勰所撰写的一部具有系统性的讨论文章写作的专书。其中有很大一部分讨论的是文学和文学创作,因此,现在也有不少学者把它看成是文论著作。由于刘勰在总结先秦以来的一切文学创作经验基础上总结出了许多创作规律,因此特别受到当代学者的关注。据戚良德先生《文心雕龙学分类索引》一书中的统计,至 2005 年 8 月,近百年来中国大陆、台湾、日本、韩国的研究论文就有 6143 篇,专著 384 部。由此可见"龙学"的阵势。

我于 1994 年给学生开设《文心雕龙》研究课程,而开始了对《文心雕龙》的研究。我的"龙学"研究特点是专攻"范畴",在古今中西比较上用力,力求揭示这些"范畴"的现代意义。我发表了 20 余篇《文心雕龙》研究的论文,现选其中 12 篇,构成这本小书,希望能得到"龙学"专家和读者的指教。

十分感谢河南大学出版社出版这本小书,使我有机会向广大读者汇报我学习《文心雕龙》的心得体会。

童庆炳

2007年11月于北师大小红楼寓所

刘勰论文原、文变

《文心雕龙》"道心神理"说

提要：前人对刘勰《文心雕龙》"原道"的"道"的四种解说。黄侃和刘永济把刘勰的"道"理解为"自然"，有其合理性。本文提出刘勰的"道"就是古老的"天道自然"。刘勰的"道"具有衍化"文"的功能，可以分为三层次：自然之文、人工之文、艺术之文。刘勰的"原道"论与"物感"论对应。刘勰的"道心神理"说属于朴素的存在论，它具有现代意义。

《原道》是《文心雕龙》一书的首篇，它跟下面的《征圣》、《宗经》、《正纬》和《辨骚》四篇，构成刘勰自己所说的作为总纲的"文之枢纽"。刘勰在《原道》这篇文章里主要是要确立自己的文学观，探讨文学的本源。"原"，"本于"的意思。"原道"就是本于"道"。《序志》篇中说："文心之作也，本乎道"，也是说明这个意思。刘勰把他著作的前25篇称为"纲领"，后25篇称为"毛目"，那么这篇《原道》就可以理解为它的"纲领"中的"核心"之作了。

一、对刘勰的"道"的四种解释

刘勰既然认为,文学原于"道"。那么,这"道"是什么呢?刘勰在篇中有"自然之道"和"道之文"的说法。怎么来理解刘勰关于"道"和"道之文"的说法,历来有不同的理解,比较重要的有以下四种看法:

第一种,认为刘勰的"道",就是儒家的以礼教为核心的"道",因为"文之枢纽"有五篇,其中头三篇是"原道"、"征圣"和"宗经",这三篇在一个思想线索上,既然"征圣"和"宗经"是鼓吹儒家思想的,那么由此可以推测第一篇"原道"中的"道"自然也就是儒家礼教之道了。刘勰的确在一系列篇章中推重儒家圣人及其经典,所以学界不少人这样认定"原道"的"道",不能说是没有根据的。本篇也重点谈到孔子的作用。但是文章没有把孔子作为文章的源头,而是把自然万物作为文章的源头。文章开头那些赞美大自然的话,特别引人注目。而且把"道"理解为儒家之道,这种理解有一个明显的局限,它主要不是从本篇的理论切入,而是由别的篇来推测此篇,它的根据不是"自证",而是"旁证",在有"自证"的情况下,为什么要采用力量不足的旁证呢?这是值得怀疑的。还有,刘勰作为一个精通佛典的人,在儒家逐渐式微的背景下,是否完全忠实于儒家一家,也是可以研究的。另外,"原道"、"征圣"和"宗经"三篇以及后面的"正纬"、"辨骚"同属于"文之枢纽",应该联系起来考察,弄清楚这五篇的关系,那么我们对刘勰的"道"是什么也许就会有更清楚的理解。这个问题较为复杂,我将在后面加以辨析。

第二种，认为刘勰的"道"是道家之道，认为是道家的"先天地生"为"天下母"的"道"，刘勰把"道"与抽象的神秘的"神理"相联系，是先验的东西，相当于柏拉图的"理念"或黑格尔的"绝对理念"，因此刘勰的"道"是"客观唯心主义"的。例如钟子翱、黄安桢的《文心雕龙论写作之道》就持这种看法。刘勰的《文心雕龙》吸收了道家的思想养料是一个事实。刘勰的著作中确有道家思想。但把"原道"的"道"完全断定为道家之"道"缺乏足够的论据。而且这种看法与黑格尔的"绝对理念"相提并论，似有把刘勰的思想"现代化"之嫌。

第三种，刘勰的"道"是兼有儒、道两家的道，即认为刘勰以儒家思想为主，也不排斥道家的影响，魏晋玄学就往往以道家思想来说"易"，所以刘勰的"道"兼有双重的意思，广义的是"自然之道"，狭义的是"儒家之道"。这其中又有"内儒外道"和"内道外儒"和"儒体道用"的说法。其中也有学者认为刘勰由当时王弼、郭象的"明教本于自然"这一点切入，说明吸收了儒、道两家观念的玄学是刘勰《原道》篇的思想基础。这一派人看到了刘勰的思想的复杂性，看到了《文心雕龙》思想资源的多样性，"道"的多义性，是值得称道的。但其说法比较笼统，似应进一步厘清。

第四种，刘勰的"道"就是"自然之道"，是自然本身。持此说的有国学大师黄侃等。黄侃的《文心雕龙札记》在解释刘勰的"自然之道"时说：

> 案彦和之易，以为文章本由自然生，故篇中数言自然，一则

曰:"心生而言立,言立而文明,自然之道也。"再则曰:"夫岂外饰,盖自然耳。"三则曰:"谁其尸之,亦神理而已。"寻绎其旨,甚平易。盖人有思心,即有言语,即有文章,言语以表思心,文章以代言语,惟圣人为能尽文之妙,所谓道者,如此而已。此与后世言文载道者截然不同。①

黄侃所言从本篇"道"与"文"的关系立论出发,不拐弯抹角,他的解释是比较合理的。另一位学者刘永济教授在《文心雕龙原道篇释义》中解释"道之文"时也说:

此篇论"文"原于道之义,既以日月山川为道之文,复以云霞草木为自然之文,是其所谓"道"亦自然也。此义也,盖与"文"之本训适相吻合。"文"之本训为交错,故凡经纬错综者,皆曰文,而经纬错综之物,必繁缛而可观。故凡华采铺芬者,亦曰文。惟其如此,故大而天地山川,小而禽兽草木,精而人纪物序,粗而花落鸟啼,各有节文,不相凌乱者,皆自然之文也。然则道也,自然,文也皆弥纶万品而无外,条贯群生而靡遗者也。

刘永济此论也较合理。他从"道"与"文"的密切关系来解释"道"为自然,"文"为自然经纬错综的状况,天地山川,云霞草木,花开鸟鸣,包括人物生活,都是经纬错综而丰赡美丽的,都是"文",即包括人的整

---

① 黄侃:《文心雕龙札记》,华东师范大学出版社1996年版,第3页。

个自然都是"文",那么"道之文",就是自然之文,而道也就是"自然"本身,这是比较符合刘勰原意的。

二、"天道自然"及其衍化

我的看法与上面两位老先生的解释基本相似,但又有所不同。我认为从本篇的立论和与创作论诸篇的联系看,从刘勰生活的时代仍然流行的自然崇拜看,刘勰的"道"是古老的"天道自然",既不是儒家的"仁义"之道,也不是道家的"无为"之道。

首先,刘勰的自然本体的文学观,基本上是来源于远古先人的自然崇拜观,而在"自然崇拜"这一点上面,道家与儒家的思想的并没有大的区别。他们都有一种对自然的敬畏之情和神秘之感。老子说:"人法地,地法天,天法道,道法自然。""道法自然",说明"道"的根底在自然本身,这实际上是明确地给"道"加上了"自然"的规定性,这一点十分重要。老子又说:"有物混成,先天地生,寂兮寥兮,独立而不改,周行而不殆。可以为天下母。吾不知其名,故强为之曰道。"这是说这个为"天地母"的神秘东西就是"道","道"作为万物的本源是不断运动的、独立存在的。庄子则说:"天地有大美而不言,四时有明法而不议,万物有成理而不说。圣人者,原天地之美而达万物之理,是故至人无为,大圣不作,观于天地之谓也。"(《庄子·知北游》)这就是说天地、四时、万物都有自身的运转规律,但它是神妙的,不会自己开口;至人、圣人当然也应尊重自然顺应自然,不妄自造作,与神秘的自然保持默契。孔子则说:"天何言哉?四时行焉,百物生焉,天何言哉?"(《论语·阳货》)又"子在川上曰,逝者如斯夫!不舍昼夜。"(《论语·子罕》)"天"是"自然","逝"去的时间是自然,"川"也是自然,这里孔子对自然的有规律运动也不妄加议论,只是表示敬畏,表示无奈的默认。这可以看成孔子对"自然之道"的理解。孔子和老子、庄子所说的"道"是有相似之处的。作为儒家的又一经典的《易·系辞上》写道:"一阴一阳之谓道。"就是说,一阴一阳的运动变化那就是"道"。变化、运动、神妙和不可解,这就是"自然崇拜之道"的特征。由此不难看出儒、道两家在"自然崇拜"问题上基本上是相同的,这是更古老的先人的天道自然崇拜论在先秦学者那里的回响。我认为刘勰基本上就是在上述意义上用"道"这个概念的,并把它作为文学的本源来加以阐发。

其次,刘勰的天道自然文学观,是受玄学和佛学思想的影响的。刘勰在他的《原道》的开篇,没有按汉代的文论去絮絮叨叨讲"诗言志"、"兴观群怨"、"温柔敦厚"、"美刺"、"主文而谲谏"等儒家教化理论,而从自然本体("天文"、"地文"、"人文")的丰富、韵致和美丽讲起,并充满赞美之情,这决不是偶然的,他的思想受当时玄学和佛学的影响。玄学是魏晋六朝的显学,刘勰就生活于玄学清谈的氛围中,所读所听的都是玄学的争论。玄学很复杂,作为清谈的对象,是很玄远的,抽象的,但最后的落脚点也是"顺应自然",甚至认为名教本于自然,自然的秩序才是根本。佛学一般被认为是从东汉时期传入中国的,六朝时期,佛学达到了一个鼎盛时期。刘勰从小跟随定林寺僧佑整理佛经,精研佛经,自己还有佛学方面的著作,晚年辞官回定林寺出家,因此佛学对于他的思想影响应该是很大的。佛学的基本观念是"众生"说和以因果报应为核心的"轮回"说。"众生"说,把大自然中的动物、植物都包括在内,人有人性、神性,生物有物性、神性,认为人、动物、植物之间都是平等的,人并非高于自然。刘勰受这种玄学、佛学思想的影响,这就与儒家教化理论拉开了一定的距离。

其三,从"文之枢纽"五篇的关系看,《原道》篇文本所展现出来的思想倾向,也是要从自然宇宙这样一个更宽阔的视野来理解"人文"。诚如黄侃所言,"原道"与后来的"文以载道"是完全不同的。前者是朴素的,认为"人文"本于自然,人们从自然世界的美中受到启发,有了感受,或产生了感情,这样才转化为"人文";后者则把文章规定为儒家道统的载体,教化的工具,被封建礼教死死地束缚住了。既然刘勰的"道"是"天道自然",那么为什么又左一个"征圣",右一个"宗经"呢?为什么强调"道沿圣以垂文,圣因文而明道"呢?这里就不能不谈到"文之枢纽"五篇的关系。对于这五篇文章的关系,学界有刘永济的"正本清源"说(认为《原道》《征圣》《宗经》是正本,《正纬》《辨骚》是清源)、台湾学者庄雅洲的"真善美"说(认为《原道》是讲真,《征圣》是讲善,《宗经》是讲美),台湾学者王更生的"三原"说(认为《原道》是共原,《征圣》、《宗经》是自原、《正纬》、《辨骚》是变原)等①。我的看法又有些不同。这里似乎可以用下面的示意图来理解:

---

① 参见台湾学者刘渼《台湾近五十年来的"文心雕龙学"研究》一书,台湾万卷楼出版公司 2001 年版。

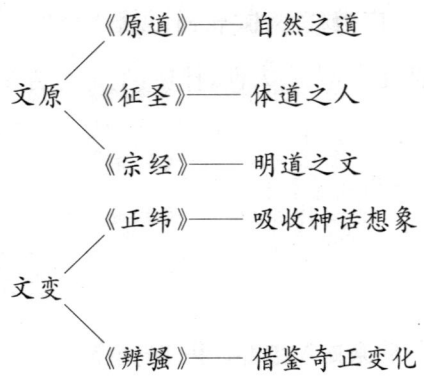

我的意思是,"文之枢纽"五篇分为"文原"与"文变"两个层次。前三篇是讲"文原"问题,即文章从何而来。刘勰的重点在《原道》篇,即认为从根本上说,文原于原始的天道自然,自然(包括人的自然)是最美的,人文不过是对于自然之美的体验与感悟。但是这种自然之美在谁哪里得到最好的体现呢?回答是圣人,所以要"征圣",你看文字是谁创造的?还不是先圣;最早最美的篇章是谁写的?也是先圣。那么这种天道自然之美又体现在哪些文章里呢?那就是"经书",所以要"宗经"。经书里面的确把自然神秘之美表现得很有魅力。如孔子在《论语》中的一些话,如"学而时习之,不亦说乎!有朋自远方来,不亦乐乎!人不知而不愠,不亦君子乎!";"吾日三省吾身:为人谋而不忠乎?与朋友交而不信乎?传,不习乎?""不患人之不己知;患己之不知人也";"吾,十有五而志于学;三十而立,四十而不惑,五十而知天命,六十而耳顺,七十而从心所欲、不逾矩";"知之为知之,不知为不知,是知也";"己所不欲,勿施于人";"己欲立而立人,己欲达而达人";"岁寒,然后知松柏之后凋也",等等,多么有意义、有价值、有韵味,可以说都是明道之文。文要原于道,原于一个稳定的道,够不够呢?不够,文还要变化,这就要"正纬"和"辨骚"。"纬书"是混合神学附会经义的书,所谓"纬书诡异",配合经书讲一些神鬼的故事,想象丰富,千变万化;《离骚》对于《诗经》而言,是文学的一次重要转型,其特点则是瑰丽的、奇特的、变幻无穷的;"纬书"和《离骚》可以给文章提供变化的资源。文章应该有稳定性("文原")和变化性("文变")。文章之至道就是稳定性和变化性的统一。

其四,从刘勰《原道》篇的文本整体看,他也是从对"道"即古老的天道自然这种朴素的理解出发,提出"道之文",认为"文"(包括"人文")是从古老的"天道自然"衍化出来的,这是《原道》篇的主旨。"天道自然"是返回到我们更古老的先人对周围的自然世界的理解。这与原始人的原始思维有关。原始思维是人类早期的一种神秘思维。对于这种思维来说,没有什么是不可能的。原始思维的一个主要特征就是"互渗律",物我互渗,人神互渗,正如列维·布留尔在《原始思维》一书中所说,"原始人以最多种多样的形式来想象的互渗:如接触、转移、感应、远距离作用,等等"[①]。我们有什么理由说刘勰所讲的"道"是古老的天道自然呢?最重要的根据就是刘勰本篇对于"道心"与"神理"互文关系的理解。如黄侃所说,他在篇中数次把"道"与"自然"联系起来,第一,说"心生而言立,言立而文明,自然之道也",把心、言、文归结为"自然之道";第二,在赞美了大自然的美后说,"夫岂外饰,盖自然耳";第三,在叙述了伏羲氏制作了"易卦",孔子写了

---

① 列维·布留尔:《原始思维》,商务印书馆1985年版,第70页。

《文言》之后又说"言之文也,天地之心哉";第四,就是篇中他对自然现象用最美的语言加以歌颂,构成了本篇的主要色泽。这一点是十分重要的,此前的儒家文论家从未用此种语言赞颂过自然的美。从这里看,黄侃、刘永济把《原道》篇的"道"理解为"自然之道"是有其合理性的,是从本文的实际出发的。但这两位先生忽略了本篇一个很重要的词——"神理"。刘勰说:"若乃《河图》孕八卦,《洛书》韫九畴,玉版金镂之实,丹文绿牒之华,谁其尸之,亦神理而已。"①"龙献图"、"龟献书"在刘勰看来是真实的自然。这里有人可能要问,篇中所提的"河图"、"洛书"是怎么回事,这也是自然吗?回答说:是。在我们的先人的自然的观念看来,这也是自然。古代的人们对自然并没有今天人们科学的认识,常常把一些传说的东西,想象成真实的,当成自然存在。因为先人在神秘的大自然的面前对自身的能力是缺少信心的,所以把语言文字的最早创造归功于龙献图、龟献书,是不足怪的,这是先人的古老天道自然崇拜论在起作用。自然崇拜论的实质,就是把世界上一切神秘的无法解释的现象都归结为自然的本然存在。把平淡的还给自然,把神奇的也还给自然,把一切荒诞的都还给自然,这是一种朴素的唯物论。王充《论衡·自然》中说:"河出图,洛出书……此皆自然也。夫天安得以笔墨为图书乎?天道自然,故图书自成。"我认为用王充讲的"天道自然",来理解刘勰的"道"最为合理。由此我们可以这样来解释:刘勰并不是从认识论的视野来看待

---

① 刘勰:《文心雕龙·厚道》,范文澜《文心雕龙注》上册,人民文学出版社,1958年版,第2页。本书中《文心雕龙》引文,均来自范注本,下面不再一一注明。

天道自然的,而是从古代的朴素的存在论来看天道自然的,人进入自然,与自然融合为一个整体。自然不仅仅是认识的对象,也是体验的感悟的和想象的对象。自然是神奇而神秘的,不可预测的。所以刘勰给他的"自然之道"加上一个"神理"的规定。意思是,他的道不完全是单纯的自然,外在的自然,是神性的、神奇的、神秘的自然。所以刘勰理解的"道"不完全是现代我们所说的"大自然","大自然"是客观的,而刘勰的所理解的"自然之道"是主客互渗的自然,是古老人类理解的那种"天道自然"。这种"天道自然"并不是只存留在原始人类的头脑中,它作为历史的残留物,一直流传下来。为什么刘勰会相信这种"天道自然"呢?这跟刘勰所生活的时代的自然崇拜是密切相关的。大家知道,人类对自然的崇拜,开始的时候是由于原始社会生产力低下,人经常受到自然界的威胁,产生恐惧心理,因而相信日月山川、风雨雷电都有神灵主宰,树木花草、江河湖海都具有神性。六朝时期,这种自然崇拜信仰仍然很盛。山有山神,树有树神,江有江神,湖有湖神,海有海神……如《搜神记》卷四说:"庐陵欧明从贾客经彭泽湖,每以舟中所有多少投湖中,云以为礼。"又《南史》卷五二《梁宗室下》说,梁武帝时期,因为暴雨,江堤遭到严重破坏,荆州刺史萧憺亲自率领将吏,冒雨参加修堤,但暴雨不止,情况十分危急,于是萧憺开始绝食,并说用白马祭祀江神,用酒倒到江里,用自己的生命为百姓请命,他的话说完,大水退去,江堤也保住了。这类记载很多。直到现在人们有时也仍然用这种自然崇拜观念去看周围的世界。

刘勰进一步把他所理解的"天道自然"之"道"衍化之"文"分为三个层次:

第一层次,"道"衍化为自然之文,即自然美。

作为自然之道都有广义的"文"。刘勰说:天玄地黄,天圆地方,日月似重叠的碧玉,展现出宏丽的景象,山川焕然如锦绣,显现出大地的形貌,这就是"道"之文采。("夫玄黄色杂,方圆体分,日月迭璧,以垂丽天之象;山川焕绮,以铺理地之形,此盖道之文也。")从这里我们可以知道,刘勰所说的"道"是指天地、山川等自然本体。而且他认为自然本体就有"文",这里所说的"文",即文采,你看那山川,那草木,那晨昏,那鸟兽,都错落有致,都变化有趣,这在人们的心目中就是美。"道之文"也就是自然美。刘勰确实是感受到自然美的,他用了许多美丽的文辞描绘说动物、植物都是美的。龙凤以鳞羽呈现瑞祥,虎豹以毛色闪现出雄姿,云霞雕饰出的色彩,超过画工笔下的微妙,草木开花,不必靠织女的巧手也神奇异常,这些都不是外来的装饰,完全是出于自然本身。("傍及万品,动植皆文,龙凤以藻绘呈瑞,虎豹以炳蔚凝姿;云霞雕色,有逾画工之妙,草木贲华,无待锦绣之奇;夫岂外饰,盖自然耳。")天地、动植物,是自然美。那么人呢?刘勰接过《易传》的话说,人为"三才"之一,为"五行之秀",为"天地之心",人首先也是一种自然美。所以他说:"夫以无识之物,郁然有彩,有心之器,其无文欤。"由此不难看出,刘勰把人看成是自然美之一种,但又比自然美更高,这是他对"人文"的第一层看法。这层理解,也可以说是对"文"的广义的理解,它是"与天地并生"的,只要是自然,都有"文"。

第二层次,"道"衍化为"人文",即人工美。

刘勰在说明自然美之后,提出"文字始炳"以来的"写天地之辉光,晓生民之耳目"的问题。那么这个"写"的问题又是如何发生的呢？"心生而言立,言立而文明"这是刘勰的回答。这也就是说,从自然美到艺术美,要经过"心"与"言"这两个中介。首先是"心"的感动,看到山川自然,看到雪花飞舞,看到花开叶落,听到流水潺潺,听到大风呜呜,听到松涛声声,人也要感动的。这就是所谓"人禀七情,应物斯感。感物吟志,莫非自然。"(《文心雕龙·明诗》)对文学创作来说,"心"的问题最重要的是情的问题,所谓"情者文之经",强调的就是"情"的作用。没有情感的波涛也就没有文学。其次,是要把"情"外化出来,这就要通过"言",没有"言"也没有文学。刘勰在《神思》篇里,谈到"言不尽意"的问题,认为人们在开始动笔之际,似乎有许多许多话要说,可最后说出来的却很少很少。动情不易,言说也难。所以,"心"与"言"这两个中介是重要的。有的论者认为刘勰把"自然美"与"人为美"混为一谈,这是不够公允的。实际上,刘勰充分看到了自然之"文"与"人文"的区别。"人文"有广义与狭义的区别。广义的是指人作为一种自然,同别的自然事物一样,也有文采美;狭义的是指,人所制作出来的文章(包括文学),即人工美。人工美是经过人工加工的美。这种区别,相当王国维在谈"古雅"之美时的"第一形式"与"第二形式"的区别。这是刘勰理解"文"的第二个层次。

第三层次,"道"衍化为"情文",即艺术美。

刘勰没有把他的理解停留在人工美这个层次上。他看到对事物的表面的描写,只是人工美,这种美不一定能达到美的极致,或者说不一定能达到艺术的极致。于是他又提出第三层次的"道心神理"之美,这才是真正的艺术美。在这里,他突出地提出"莫不原道心以敷章,研神理而设教"的命题。"道心"、"神理"可以看成是《原道》的关键词。那么什么是"道心"、"神理"？有的论者看到"神理"两个字,特别是"神"这个字,就觉得很玄,似乎有问题,这不是唯心主义是什么？其实,"神"这个词到了六朝时期,原有的"神灵"、"神明"的涵义已被消解,"神"就是事物的千变万化。如当时韩康伯的《系辞注》在解释"阴阳不测之谓神"时,说:"神也者,变化之极,妙万物而为言,不可以形诘者也。"这里"神理"和"道心"是互文见义的。实际上,刘勰在《原道》全篇所强调的"道"是自然本体及其变化,既然"道"是自然本体及其变化,那么"道心"就是"道"的内核,即自然变化的轨迹。"原道心以敷章,研神理而设教",这句话的意思是,人们写作不能只源于自然的表面现象,而是要深入"道心"与"神理"中。在这里"道心"与"神理"并举,是二而一的东西,都是指事物变化的神秘莫测的内在深层的律动。这是刘勰理解"人文"的第三个层面。

如果我们把刘勰对"人文"或艺术美的理解化为简明的公式的话,是否可以列成这样:

道的衍化过程:

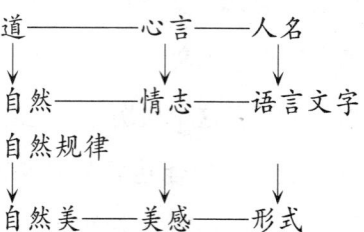

从这里我们也就可以概括出他的以天道自然为本体的文学观。文学原于天道自然及其律动,它激发人的情志,于是人就用"言"来表现,这样就有了作为艺术美的文学。用我们现代的话来说,文学与自然具有同构关系,这是刘勰在本篇给我们提供的真理性的东西。

如果我们对刘勰的思想理解正确的话,那么他的思想是深刻的。无论就文学的本源,文学的情感把握,文学的语言表现,以及这几个环节的关系,他的理解都十分接近创作的实际。

三、文原自然与"物感"说

刘勰的文学本源于自然的文学观念,贯穿全书,与继承前人的文论遗产相比,他的理论更多的是总结了魏晋六朝时期的新的创作经验(这个问题很复杂,有争议,需专文讨论),因此在创作论上他提出的"物感"说,与"原道"说密切相关。刘勰强调创作中的"情",甚至说"情者文之经",但情从何而来呢?就是刘勰所说的"物感":

> 人禀七情,应物斯感。感物吟志,莫非自然。
>
> 　　　　　　　　　　　　　(《文心雕龙·明诗》)
>
> 春秋代序,阴阳惨舒,物色之动,心亦摇焉。
>
> 　　　　　　　　　　　　　(《文心雕龙·物色》)
>
> 原夫登高之旨,盖睹物兴情。
>
> 　　　　　　　　　　　　　(《文心雕龙·诠赋》)
>
> 岁有其物,物有其容;辞以物迁,辞以情发。

(《文心雕龙·物色》)

在这些话中,刘勰认为自然的变化,作用于人,会使人心或"感"或"摇"或"兴"或"迁"或"发"。创作就是这样发生的。"物感"论是刘勰的"原道"论在创作论上面的转换形式。前者是"纲领",后者是"毛目","纲领"与"毛目"是吻合的。刘勰的这一观念把儒家、道家、法家等各家各派的思想进行综合概括和改造,特别是在玄思中加以提高,对后代发生很大的影响。这一观念像一根红线贯穿于中国古代文论的历史发展中。如梁代钟嵘《诗品序》中说:"气之动物,物之感人,故摇荡性情,形诸舞咏……若乃春风春鸟,秋月秋蝉,夏云暑雨,冬月祁寒,斯四候之感于诗者……凡斯种种,感荡心灵,非陈诗何以展其义?非长歌何以骋其情。"唐代白居易《题浔阳楼》:"清辉与灵气,日夕供文篇。"宋代陆游《冬夜游》:"造物有意娱诗人,供与诗材次第新。"明代李梦阳《梅月先生诗序》:"情者,动乎遇者也,动者情也,情动则会,心会则契,神契则音,所谓随寓而发者也。"清代徐增《而庵诗话》:"花开草长,鸟语虫声,皆天地间真诗。能于此等处会意,则三百篇可学,何况唐人也?"这类论述不胜枚举。文学自然本体论和与此相关的"物感"论,作为中国古代文论的传统,一直影响到现在。

四、余论

刘勰在《文心雕龙·原道》篇实际上提出了"道心神理"说,"道心"与"神理"互文见义,都是指天道自然及其变化律动。"道心神理"

说的核心思想是文学原于整体的天道自然及其神秘的变化。这种理论是刘勰在六朝玄学盛行的学术氛围中对先秦各家各派关于"道"所进行的重新的综合、概括和改造,特别是对原始的自然崇拜的一种理论提升。从某种意义上说,刘勰从一个更高的层次上"返回"到我们先人的朴素的"自然崇拜"论那里,超越了儒家和道家的"道",从自然宇宙的神秘存在这样一个更宽阔的学术视野来观察、理解包括文学在内的"人文"。在一定意义上它冲破了儒家的文学教化观念,具有积极的解放思想的价值。

在这里也许我们可以联想到现当代的西方哲学的新走向。西方的古典哲学有两个不同的方向:一个方向认为,人与存在的合一,人与存在是不可分离的整体,这是存在论的哲学,代表这个方向的是古希腊的赫拉克利特和巴门尼德;另一个方向认为,人与存在的分离,建立起主客观的关系,人的目的是认识和征服外在的自然,这是认识论的哲学,代表这个方向的是柏拉图和其后的亚里斯多德。西方的科学是主体征服客体的产物,是从后一个方向发展起来的。但是到了现代,人们终于认识到科学不能解决人类生存的全部问题,因为人不但要知道世界为什么是这样的,而且要知道世界就是这样的,人生就是这样的。世界为什么是这样的,可以通过科学来解决,但世界、人生就是这样的,就要靠人的体验,体验就是人进入世界,与世界融合为一体。例如,人为什么会饥饿,这要诉诸科学;但饥饿是怎样的,这要靠体验,就是人进入到饥饿的状态中。于是以胡塞尔、海德格尔等为代表的西方现代哲学家在认识到这一点之后,认为找回人的感觉和体验,找回人所栖身的精神家园,比什么都重要;于是他们从一个更高的层次上回复到前者,这就是不同于认识论的存在论的哲学。存在论与认识论最大区别就是前者强调人与自然的合一、协调,后者强调人与自然的对立。中国古代哲学除了儒家的道德论之外,基本上属于朴素的存在论,因此讲究"天人合一"、讲究人与自然万物相往来,讲究人与自然的整体性。刘勰所继承的古老的自然崇拜论,就是天地人的合一,天道自然的整体运行,也是属于朴素的存在论,他的旨趣就是提倡人要进入自然整体,这样才能体验到自然万物之美,人文的本源就在对自然的默默体验中。今天,在科学文明给我们带来了幸福生活的同时,也遭遇到人与自然对立所产生的种种困境,于是现代的人文学者重新把目光转向存在论,也就是一种必然的选择。从这一视点来观照刘勰的"道",人们也就不难看出《原道》的现代意义了。

(原载《长江学术》2003年第3辑)

《文心雕龙》"奇正华实"说

提要:本文认为"楚辞"是中国文学发展史上的一件大事。刘勰的《文心雕龙·辨骚》篇,除了肯定文学的新变外,还从理论上,将先秦兵家的"奇正"说改造为文学创作的"奇正华实"说。"奇正华实"说的主要思想是,文学要在继承前人的艺术经验的条件下求新变,但新变又不可变成失去分寸的放纵,应注意艺术控制。创作主体应充分发挥自己的能动性,在奇与正之间,在华与实之间,去追求具有艺术张力的折中点,使创作从"无序"走向"有序",以取得预期的艺术效果。

一、刘勰"辨骚"的历史文化背景

屈原的《离骚》产生之后,一直有争论,褒贬不一,需要加以分辨,所以本篇起名《辨骚》。如何理解《辨骚》篇,学术界的意见也有分歧。

主要是在它属于总论还是文体论,共有三种不同的意见:第一,认为还是属于总论,即"文之枢纽",这是刘勰自己的看法,刘勰在《序志》篇中明确指出:"盖《文心》之作也,本乎道,师乎圣,体乎经,酌乎纬,变乎骚,文之枢纽,亦云极矣。"刘勰把《辨骚》篇放到总论,主要是要阐明文学发展中的"变"的问题;第二,认为属于文体论,因为骚体是一种文体,放到总论不合适。这种说法虽有一定的道理,即"骚"在当时确实被看成一种文体,但刘勰在《文心雕龙》的《辨骚》篇中并没有把它当作文体,因为自《明诗》到《书记》二十篇的内容,都是按照"原始以表末,释名以章义,选文以定篇,敷理以举统"等四项内容来写的,而《辨骚》篇则不是按照这些内容及顺序写的,因此似乎不能把《辨骚》归入到文体论中。第三,认为是总论,但也有文体论的倾向,介于"文之枢纽"和"论文叙笔"之间。这种折中的说法,由于不符合刘勰的原意,也很难成立。

的确,楚辞照理说是一种体裁,为什么不放到文体论中去讨论,而要放到总论部分来讨论呢?这对刘勰来说,并不是偶然的。这是因为本篇讨论的问题也是一个带有根本性的问题。表面上似乎讲的是楚辞有四点合于经书,有四点不合经书,实际上这一篇是《文心雕龙》真正接触到文学问题的头一篇,它鲜明地提出了文学的新变的必要性问题。古人早就体会到,"按楚辞者,诗之变也。"[①]的确,中国的文学发展到楚辞,是一大变化,从《诗经》到"楚辞",可以说是从素朴

---

① 徐师曾:《文体明辨序说》,见《文章辨体序说·文体明辨序说》,人民文学出版社 1962 年版,第 99 页。

的诗到感伤的诗的变化。

楚辞是南方楚文化的产物,又是战国游说文化的产物。文学作品形态的差异,除作者个人的原因外,总是有两个原因,一个是时代,一个是地域。

先说地域。从春秋到战国,在现今中国这块土地上,如果按文化形态来划分,主要有两种文化形态。即中原文化形态和楚文化形态。中原文化形态发生比较早,像"六经"都是中原文化的典籍。在中原文化中,艺术的实用性高于一切。艺术,包括音乐、舞蹈、歌曲,主要被理解为"礼"的组成部分,中庸平和被看成是艺术的极致,所以质朴是《诗经》的特色。孔子"不语怪、力、乱、神",可以说是中原文化的一个特征。这说明作为中原文化的代表的儒家文化有意把远古产生的许多美丽的神话故事高度"历史化"。以荆楚地区为中心的长江流域中游,是楚文化成长的土壤。楚国的文化也产生得很早,虽然在当时的人看来,楚国处于所谓的偏僻的"荆蛮"之地。可楚文化一直走着自己的历史发展道路,并没有把自己的文化与中原文化混同起来。而中原诸国也把楚国看成是"蛮夷"。甚至到了战国时期,孟子还把楚国人看成是"南蛮鴃舌之人",不把楚地看成"中国"。所以在屈原生活的战国时期,尽管"六经"典籍早已在楚文化圈内流行,早就是楚国贵族诵读的对象,但楚地的巫教仍然盛行。据《汉书·地理志》记载:直至战国,楚国君臣上下仍然"信巫风,重淫辞"。据《新论·言体论》记载:"楚灵王骄逸轻下,简贤务鬼,信巫祝之道,斋戒洁鲜,以祀上帝,礼群神,躬执羽绂,起舞坛前。吴人来攻,其国人告急,而灵王鼓舞自若,顾应之曰:'寡人方祭上帝,乐明神,当蒙福佑焉,不敢赴救.'"如此执迷不悟,在战国各君王中,是根本找不到的。楚灵王早于屈原之前。与屈原同时的楚怀王又怎样呢?是不是有很大变化呢?完全没有。据《汉书·郊祀志》记载:"楚怀王隆祭祀,事鬼神,欲以获神助,却秦师。"民间的巫风就更为盛行。王逸的《楚辞章句》就讲楚人信巫:"其祀必作歌乐,鼓舞以乐诸神。"这就是说,当屈原创作楚辞的时候,楚人还沉浸在一种充满鬼神的奇诡神秘的世界中。楚王信巫可能正是葬送楚国的原因,但这种充满神奇幻想的文化也成就了中国文学的奇葩——楚辞。我们是否可以说,屈原的诗歌创作充满幻想和神话的夸张奇诡,正是神秘的楚文化自觉不自觉渗透的结果。《离骚》中那些美丽的幻想,那些太阳神、风神、雨神、雷神、神女、仙女、美人、虬龙、凤凰、麒麟、咸池、瑶台、扶桑、琼枝,等等,都是楚文化的产物。可以说,楚文化是屈原诗歌的文化根据。

再说时代。楚辞又是时代的产物。战国时代,纵横家奔走游说,十分活跃,言辞夸张,想象丰富,怪论迭起,诡异之词,层出不穷。这种风气不能不影响本来就热衷于合纵连横的屈原。刘勰《辨骚》篇云:楚辞"风杂于战国",就是讲战国时期的风气杂染了屈原等人的创作。鲁迅在《汉文学史纲要》中也说:战国时期的纵横家"欲以唇吻奏功,遂竞为美辞,以动人主……余波流衍,渐入文苑,繁辞华句,固已非诗之质朴之体式所能载矣"①。这就有了楚辞。

楚辞是中国文学史上在《诗经》之后第一次出现的具有新质的事

---

① 鲁迅:《汉文学史纲要》,《鲁迅全集》第8卷,人民文学出版社1959年版,第277页。

物。它是具有原创性的作品,开创了中国文学发展史的新局面。这在中国文学史上绝对是一件大事。如果没有楚辞,唐诗宋词元曲的蕴藉风流都是很难讲的。特别是陶渊明、李白、苏轼、关汉卿这些伟大的浪漫主义的诗人、戏曲家能不能出现就更难讲了。

那么,在整个汉代人们是怎样来评价楚辞的呢?刘勰在《辨骚》篇举出了5家对楚辞的评价。这就是刘安、班固、王逸、汉宣帝和扬雄5人的评价。淮南王刘安的评价极高,说:"《国风》好色而不淫,《小雅》怨诽而不乱,若《离骚》者可谓兼之",《离骚》可"与日月争光"。班固虽然认为《离骚》"文辞雅丽,为词赋之宗",但对屈原和他的作品有许多批评,认为他"露才扬己,忿怼沉江",作品中有不少非"经义所载"。王逸则认为屈原的作品完全"依经立义",可谓"金相玉质,百世无匹"。汉宣帝也认为《离骚》"皆合经术"。扬雄也认为《离骚》中"体同诗雅"。这样就出现了四比一的局面:四家糊里糊涂地把《离骚》与经义相提并论,捧到"与日月争光"的地步;一家认为与经义无涉,莫名其妙地骂其作者"露才扬己"。刘勰认为这5家的评论随意性太大,即所谓"褒贬任声,抑扬过实","鉴而未精,玩而未核"。用今天的话来说,捧得过头,骂得过分,无论是毁是誉,都不够实事求是,都没有讲出道理。这就激起了刘勰重新评价《离骚》的愿望。

二、以"经典"为参照系,但不作为衡量标准

刘勰认为要把《离骚》辨析清楚,就一定从屈原的文本出发,即所谓"将核其论,必征言焉"。

刘勰用什么来"核"《离骚》之"论"的呢？其实刘勰也没有新的什么参照系，他所用的基本上依然是"风雅"、"经义"。不过他的确作了一番仔细的分析，并认为不合经典的部分也要分析，不能一概否定。他指出《离骚》歌颂尧舜禹汤，符合"典诰之体"，讥讽羿浇桀纣，符合"规讽之旨"，以虬龙比喻君子，以云霓比喻小人，符合"比兴之义"，叹惜君门难入，符合"忠怨之辞"，这是"四符合"。

接着刘勰又指出"四不符合"：《离骚》中那些幻想的夸张，如驾驭八龙，雷神追求洛水之神之类，乃"诡异之辞"，这是一；共工触不周山，地倾东南，木夫九个头，土伯三只眼睛等，是"谲怪之谈"，这是二；学习彭咸、子胥之所为，自杀了结生命，是"狷狭之志"，这是三；描写男女不分，随便乱坐，日夜沉湎歌舞等，是"荒淫之意"，这是四。四点不符合经典。刘勰虽以经典为参照系，指出"四符合"和"四不符合"，但是并没有完全以经典作为衡量的标准，来进行褒贬。符合经典要肯定，不符合经典的部分也要给予评价。

刘勰的评价是楚辞"气往砾今，辞来切今，惊采绝艳，难与并能"，是超越时代之作。又指出楚辞的特点是"体宪于三代，风杂于战国，乃雅颂之博徒，而词赋之英杰也"，"虽取熔经意，亦自铸伟词"。就是说，楚辞效法三代时期的法典，同时又带有战国时期的时代色彩，对于雅、颂而言，它是"博徒"，是叛逆；可对于词赋来说，它又是"英杰"；它既有经书的纯正，又能创造新的境界和词语。刘勰对楚辞的高度评价实际上是对文学发展的新变的肯定。从这里也可以看到刘勰的思想没有停留在经典上面，他并不是保守的，他对于文学的发展也是衷心赞成的。

如果刘勰的分析到此为止,那么他的贡献也只是在接受并肯定楚辞的新变。刘勰在《辨骚》篇的最重要的贡献是借用古代兵家的视野,作出了理论的概括和提升。

三、"奇正华实"说的理论意义

本篇的理论意义在于刘勰在肯定楚辞推进了文学新变的前提下,借用兵家的"奇正"观念,具体论述了文学创作变化中的艺术控制和调节问题。

刘勰在给予楚辞(主要是屈原的作品)以很高的评价之后,作出了"酌奇而不失其贞(正),玩华而不坠其实"的理论概括。这句话是本篇的点睛之笔,准确地揭示了楚辞的特色。指出楚辞的特点是在"奇正华实"之间实现了一种艺术调控。楚辞所抒发的思想感情是纯正的,但语言的表现形式则是艳丽奇特的,它一方面为中国文学开辟了新局面,树立了新传统;另一方面,又肯定了风雅、经典作为旧的传统也是不可丢弃的。刘勰又从理论的角度提出一个创作中的"奇与正"、"华与实"的关系问题,在奇与正、华与实之间要保持张力,既不能过奇而失正、过华而失实,也不能为了正而失去奇、过实而失去华。总之,要在奇与正、华与实之间保持平衡,取得一个理想的折衷点,使作品产生一种微妙的艺术张力。

刘勰的理论贡献在于他把兵家的"奇正"观念转化为文学理论的观念。"奇正"观念从孙子《兵法》的"势篇"提出。孙子曰:"凡治众如治寡,分数是也;斗众如斗寡,形名是也;三军之众,可使必受敌而无败者,奇正是也;兵之所加,如以碫投卵者,虚实是也。"又云:"凡战者,以正合,以奇胜。故善出奇者,无穷如天地,不竭如江河。终而复始,日月是也;死而更生,四时是也。声不过五,五声之变,不可胜听也;色不过五,五色之变,不可胜观也;味不过五,五味之变,不可胜尝也;战势不过奇正,奇正之变,不可胜穷也。奇正相生,如循环之无端,孰能穷之?"①这意思是说,治理人数众多的部队如同治理人数很少的小部队,这是军队的组织问题;指挥大部队如同指挥小部队,这是指挥号令的问题;统率全军可以使它在遭受敌人进攻时不致失败,这是"奇正"的战术变化问题;军队打击敌人能做到像石头打鸡蛋一样,这是调动部队的虚实问题。大凡战争,都是用正兵挡敌,以奇兵取胜。所以,善于出奇制胜的人,其战法如同天地变化那样不可穷尽,像江河流淌那样不会枯竭。终而复始,就像日月的运行;去而复来,如同四季的更替。乐音不过五个音阶,但是五音的配合变化,就听不胜听;颜色不过五种色素,但是五色的配合变化,就看不胜看;滋味不过五样味道,但是五味的调配变化,就尝不胜尝。战术不过是奇正两种,然而奇正的变化,却是无穷无尽。奇正之间相互转化,就像顺着圆环旋转一样,无始无终,有谁能够穷尽它呢?孙子兵法中的奇正指奇兵和正兵的战术运用。这里包括两层关系,一是用兵有两种,一是奇兵,一是正兵,正兵应战,但往往靠奇兵取胜;二是奇正相生,奇变为正,正变为奇,可以无限地循环变化,以获得战争的胜利。

　　刘勰将"奇正"的战术变化运用于文学创作的研究。在《辨骚》篇

---

① 见《十一家注孙子校理》,曹操等注,中华书局1999年版,第86页。

提出"酌奇而不失其贞,玩华而不坠其实",这主要在第一层意义上来运用奇正的观念,意思是楚辞创作的成功,纯正的思想感情与奇特的夸张、想象(包括神话的运用)相互结合,即纯正的思想感情不是平板地、凡庸地展开,而是在奇特的、夸张、幻想的神话世界中艺术流动,奇与正、华与实两者相互制约又相互为用。在《定势》篇刘勰又进一步提出"执正以驭奇","奇正虽反,兼解以俱通;刚柔虽殊,必随时而适用"。这主要在"奇正相生"的第二层次来运用了。就是说文学创作中也有奇正相通和转化的问题,如奇特的、夸张的描写对作家来说是属于"奇"的成分,但写出后则可能被读者理解为"正"的成分了。刘勰把兵家"奇正"转化为文论观念,其旨意是提出艺术节制原理。即以"正"节制"奇",不让奇诡而失去雅正,以"奇"调整"正",不让雅正流于呆板而无生气。

刘勰认为"离骚"的成功,就在巧妙地运用了这种艺术控制。"酌奇不失其贞,玩华不坠其实"。奇与正,华与实,看似两对概念,实际上"华与实"不过是补充,加强"奇"与"正"。"正"、"实"相同,是指内容而言的,要求思想感情的雅正,合乎经义;"奇"、"华"同义,则主要是指语言表现和技巧运用来说的,要求语言活泼多姿,运用奇诡的幻想、夸张,使艺术形式也气象万千。在奇与正、华与实之间,通过调节掌握了一定的度,从而形成内容与形式之间富有弹性的艺术张力。

为什么刘勰在坚持儒家的雅正思想的同时,又能接受兵家的"奇正"变化的思想?我想可能有这样几个原因:

第一,"奇正"变化的思想在儒家的伦理思想和诗学原则中也是存在的。《论语》"子曰:《关雎》乐而不淫,哀而不伤。"《左传》写季札观乐,其中也有"勤而不怨"、"忧而不困"、"乐而不淫"、"怨而不言"、"哀而不愁"、"乐而不荒"的说法。过去,对这一原则的看法多从政治和伦理的角度加以褒贬,认为孔子鼓吹"中庸"之道,让百姓只能"怨而不怒",而不能造反。刘勰显然也对儒家这一思想有很深的理解,并认为它与兵家的奇正观念是一致的。于是他把孔子的思想当作诗学原则来理解,并参照兵家思想加以改造,提出"酌奇而不失其贞,玩华而不坠其实"的艺术节制理论,实现了由儒家伦理原则到诗学原则的转化。这种奇正相参、华实相配的艺术节制理论对后代也有很大影响,如唐代皎然《诗式》论诗:"至险而不僻;至奇而不差;至丽而自然;至苦而无迹;至近而意远;至放而不迁。"①这种在句式上的雷同,说明他们思想上一脉相承。再如明代谢榛论诗:"李靖曰:正而无奇,则守将也。奇而无正则斗将也。譬诸诗:发言平易而循乎绳墨,法之正也;平易而不执泥,隽伟而不险怪,此奇正参伍之法也。白乐天正而不奇,李长吉奇而不正;奇正参伍,李杜是也。"②此论直接承继了刘勰的"奇正华实"说,并以李杜的诗来注释"奇正参伍",很值得注意。

第二,刘勰是信仰佛教的,佛家思想所衍化的艺术形象中也有奇正变化的因素。如佛教的雕塑艺术,其中就有许多夸张、奇特、诡秘的造型。佛家的基本观念是"业"。"业"是人的行为,不但你实际做的是行为,包括心中所想的也是行为。不论在什么时间和空间,你心

---

① 《诗式校注》,李壮鹰校注,人民文学出版社 2003 年版,第 26 页。
② 谢榛:《四溟诗话》,《四溟诗话・姜斋诗话》,人民文学出版社 1962 年版,第 52—53 页。

中所想，都是"业"。"业"作为行动是"因"，"报"就是"果"。你今生的"果"是前生的"业"种下的，你来生的"果"就是今生的"业"种下的。今生的"业"，报在"来生"，来生的"业"，报在来生的来生。这种"生死轮回"，永无穷尽。这样在佛教里面，就有天堂、人间和地狱三个世界。天堂是什么样的，地狱是什么样的，这是佛教人想象出来的。反映到佛教的艺术上面，有正的，也有奇的，奇正并存，奇正变化，就是一种很自然的事情。刘勰自己长期生活在寺庙中，对佛教的艺术肯定是熟悉的，并且是接受的。这样，他对楚辞的奇正变化的接受和肯定也就与他的佛教信仰相一致。

第三，人都是民俗的人。没有人不融合到民俗中。六朝时期的民俗，无怪不有，无奇不有。六朝时期流行的"志怪小说"就是那个时期民俗的反映。像天地崇拜，日月星辰崇拜，气象崇拜，动植物崇拜，鬼神崇拜，等等，都是日常生活中的民俗的表现。刘勰不能不融入这类民俗中。民俗化的刘勰对于刘勰的文学观念不能不产生影响。认同楚辞的中的"奇正"变化，与民俗对刘勰的影响密切相关。

那么，刘勰提出"酌奇不失其贞，玩华不坠其实"，对于文学艺术创作是否具有理论意义呢？这是肯定的。我们可以进一步来看，刘勰在《辨骚》篇中虽就奇与正、华与实的关系的控制，提出了看法，但其理论意义是揭示了艺术的一条普遍规律——为保持艺术张力的艺术控制规律。在艺术创作中，分寸感是十分重要的一个问题。任何艺术形象都有它的独特的艺术个性和诗意的逻辑。作家、艺术家心中的艺术形象的个性和规律一旦形成，那么，作家、艺术家就必须按其本身的个性和逻辑去把握它、理解它、描绘它，任何随意性，或者用古人的话来说,"过"与"不及",都可能是艺术的灾难。所以,艺术的控制就成为一条不可忽视的规律。艺术控制的基本原则就是刘勰所讲的"执正以驭奇"的"驭",用今天的话来说,作家、艺术家在抒情言志和叙述描写时,都必须有清醒的理智和强大的意志,时刻注意调整自己笔下的行为,严格按艺术形象的逻辑和个性行事,既不多一点,也不少一点,既不能过,也不能不及,一切都要做到恰到好处。这样作家、艺术家就不能不抑制、牺牲一些东西,以保护、促进一些东西。这就是控制。一切思维正常的人的行为都需要控制。文学艺术作为人的一种活动也需要控制。由于文学艺术的情感性和微妙性等特征,其控制也就更多表现在情感的控制和细节的控制上面。

情感控制。创作过程中作家、艺术家的感情,往往如春江涌动、骏马奔驰,势不可遏,特别是表现巨大的喜悦和巨大的悲痛时,作家、艺术家往往无法抑制自己的感情,感情失控,其最坏的效果就是把艺术感情还原为现实感情,完全失去审美性。最极端的例子就是明代演员商小玲演《牡丹亭》中的杜丽娘在舞台上伤心而死。("寻梦"一折,"偶然间心似缱,梅无边。这般花花草草由人恋,生生死死随人愿,便酸酸楚楚无人怨。待打并香魂一片,阴雨梅天,守的个梅根相见"。)实际上作家、艺术家在这里遇到了一个悖论:表现感情时作家、艺术家的感情越激动,越能真实表现所要表现的感情;但作家的感情越激动又越可能使所要表现的感情失控。一定要处理好这个悖论,所要表现的感情才能恰如其分。所以戏剧界有的人评价周信芳的舞台艺术时指出,创作要"高度的激情,高度的放纵,高度的控制"①,这是很有道理的,没有激情就进入不了角色,没有放纵精神就不能放松,创作不能进入自由境界,但是没有控制就不能准确地把握角色的性格。必须把激情、放纵和控制结合起来,创作才能获得成功。古罗马时期学者朗加纳斯说:"那些巨大的激烈情感,如果没有理智的控制而任其为自己盲目、轻率的冲动所操纵,那就会像一只没有压仓石而飘流不定的船那样而陷入危险。它们每每需要鞭子,也需要缰绳。"②这里所说的以理控情的观点,与刘勰的观点十分相似。法国启蒙时代思想家狄德罗也说过:"凭感情去表演的演员总是好坏无常。你不能指望从他们的表演里看到什么一致性;他们的表演忽强忽弱,忽冷忽热,忽而平庸,忽而卓越,今天演得好的地方明天再演就会失败,昨天失败的地方今天再演却又成功。但是另一种演员却不如此,他表演时凭思索,凭对人性的钻研,凭经常模仿一种理想的范本,凭想象和记忆。他总是始终如一,每次表演用同一种方式,都同样完美。"③艺术控制与艺术的完美是密切相关的,其中要有充分的感情,也要有深刻的思考,狄德罗的这个观点也十分精彩。德国哲学家恩斯特·卡西尔则说:"悲剧诗人并不是他的情绪的奴隶而是主人,并且他能把这种对情绪的控制传达给观众们。"④艺术感情不是

---

① 参见秦牧《艺海拾贝》,上海文艺出版社1962年版,第172页。
② 《西方文论选》上,伍蠡甫主编,上海译文出版社1979年版,第123页。
③ 狄德罗:《演员奇谈》,《狄德罗美学论文选》,人民文学出版社1984年版,第281—282页。
④ 恩斯特·卡西尔:《人论》,甘阳译,上海译文出版社1985年版,第189页。

作家的自然感情,而是经过创作主体控制过的感情,控制也就是掌握、支配、调整的意思,自然的感情经过创作主体的掌握、支配和调整才有可能转化为艺术的感情,也才有可能创造出真正感人的艺术世界。

细节控制。这对艺术来说是重要的。艺术的成功或失败往往在很小的细节上反映出来。稍稍差一点,就可能失败。而稍稍改进一点,就可能获得成功。俄国画家勃留洛夫替一个学生修改习作时,只在几个地方稍微改了几笔,那幅拙劣而死板的习作立刻就变得生动活泼了,学生说:"看!只不过稍微点了几笔,一切就都改变了。"勃留洛夫说:"艺术就是在'稍微'两个字的地方开始的。"列夫·托尔斯泰把这句话誉为"关于艺术的一句意义深长的箴言",并说:"这句话正好说出了艺术的特征。这种说法对一切艺术说来都是真实的……所有一切艺术都是这样:只要稍微明亮一点,稍微暗淡一点,稍微高一点,低一点,偏右一点,偏左一点(在绘画中);只要稍微减弱一点和加强一点,或者稍微提前一点,稍微延迟一点(在戏剧艺术中);只要稍微说的不够一点,稍微说得过分一点,稍微夸大一点(在诗中),那就没有感染力了。只有当艺术家找到无限小的因素时,他才可能感染别人,而且感染的程度也要看在何种程度上找到这些因素而定。"①列夫·托尔斯泰的话,道出了艺术控制的基本原则。

刘勰在《辨骚》篇中在总结历代创作的得失的基础上,所提出的

---

① 列夫·托尔斯泰:《艺术论》,丰陈宝译,人民文学出版社1958年版,第124页。

"酌奇而不失其贞,玩华而不坠其实"的看法,实际上提出了文学活动的"奇正华实"说。"奇正华实"说的主要思想是,文学要在继承前人艺术经验的条件下求新变,但是新变又不可变成失去分寸的放纵,应注意艺术控制。创作主体应充分发挥自己的能动性,在奇与正之间,在华与实之间,去追求具有艺术张力的折衷点,使创作从"无序"走向"有序",以取得预期的艺术效果。"奇正华实"说可以理解为抒情言志中的艺术控制论。但把"奇正华实"说的艺术控制思想推广开来,则可以包括到文学活动的一切方面。如创作动机中功利动机与非功利动机的控制,创作过程中心理状态的热与冷、松与紧的控制,艺术描写中繁略、隐显、粗细、文雅等关系的控制,艺术欣赏中入与出的控制,艺术思维中感性与理性的控制,艺术发展中通与变的控制,等等。

(原载《文艺理论研究》1999年第1期)

《文心雕龙》"会通适变"说

提要:刘勰在《文心雕龙·通变》篇提出"会通适变"说。前人对于《通变》篇的主旨提出了"复古"说、"常变"说和"继承革新"说。本文按照《易》的"穷则变,变则通,通则久"的"穷"、"变"、"通"、"久"的顺序来阐明"会通适变"的文论内涵,并提出了"运动"说,认为"变"是文学创作发展的横向运动,"通"是会通古典作品的纵向运动。本文认为"通变"的关键不是"博览以精阅",而是"凭情以会通,负气以适变"。

"通变"的观念主要来自《易》,《易·系辞上》:"参伍以变,错综其数,通其变,遂成天地之文。"又:"阖户谓之坤,辟户谓之乾。一阖一辟谓之变,往来不穷谓之通。"又《易·系辞下》:"通其变,使民不倦,神而化之,使民宜之,易穷则变,变则通,通则久。"《文心雕龙·通变》篇第一次提出"会通适变"说来阐述文学创作发展问题。本篇要重点讨论的问题有:第一是前人对《通变》篇有过哪些主要的解释,这些解释是否合理;第二是《通变》篇的文论内涵;第三则是从黄侃与范文澜的不同理解追问"通变"的关键是什么。

一、《通变》篇的主旨:"通"?"变"?

前代研究者对于《通变》篇的主旨因个人的学术立场不同,而有不同的看法。考察这些看法,指出其得失,是研究《通变》篇的基础。

(一)"复古"说

最早提出"通变"就是"复古"的是清代学者纪昀。他认为:"齐梁间风气绮靡,转成新圣,文士所作,如出一手,故彦和以通变立论。然求新于俗尚之中,则小智师心,转成纤仄,明之竟陵公安,是其明徵,挽其返而求之古。盖当代之新声,既无非滥调,则古人之旧式转成新声。复古而名以通变,盖以此尔。"①意思是说,刘勰讲的"变"不过是"古人之旧式转成新声",明代的公安派的性灵说和他们的小品,不过是齐梁间绮靡风气的再版而已。这样,他就把刘勰讲的"通变"与"复古"完全等同起来。这种把"通变"等同于"复古"的观点对后来的研究者多有影响。黄侃《文心雕龙札记》:"此篇大旨,示人勿为循俗之文,宜反之于古。其要语曰:'矫讹翻浅,还宗经诰,斯斟酌乎质文之间,而隐括乎雅俗之际,可与言通变矣。'此则彦和之言通变,犹补偏

---

① 见黄霖编著《文心雕龙汇评》,上海古籍出版社 2005 年版,第 102 页。

救弊云尔。文有可变革者，有不可变革者。可变革者，遣辞捶字，宅句安章，随手之变，人各不同。不可变者，规矩法律是也，虽历千载，而粲然如新，由之则成文，不由之而师心自用，苟作聪明，虽或要誉一时，徒党猥盛，曾不转瞬而为人唾弃矣。"①更有意思的是，黄侃为了证明刘勰所言通变就是复古，竟然不惜曲解刘勰的原文，他继续说："彦和云：'夸张声貌，汉初已极。自兹厥后，循环相因，虽轩翥出辙，而终入笼内。'明古有善作，虽工变者越其范围，知此，则通变之为复古，更无疑义。"②刘勰"夸张声貌，汉初已极……"一段话，明显是批评汉初文人不知变通，只会因袭，结果导致各家"终入笼内"。黄侃竟把这句话当作"通变之为复古"的证据，这就有点离谱了。范文澜《文心雕龙注》延续黄侃的"复古"说，并没有新鲜之论。"复古"说看似有理，实则偏颇过甚。实际上，就全篇而言，刘勰都在讲文学的发展是在"会通"与"适变"的运动中达成的。特别是在《通变》篇的"赞"中，刘勰说："文律运周，日新其业"，"趋时必果，乘机无怯"，怎么能一味解读成"通变"就是"复古"呢？如果刘勰在这里不是讲"变则其久，通则不乏"的"通"与"变"的辨证关系，只是寻求复古，那么他就直接提出"复古"的命题来了。纪昀、黄侃的文学发展观念多在复古，所以把"通变"理解为就是复古，也就不足为奇了。

(二)"常变"说

此说主要代表人物是刘永济。他认为"通变"，不是简单的复古，

---

① 黄侃：《文心雕龙札记》，华东师范大学出版社1996年版，第131页。
② 同上书，第132页。

而是有"常(不变)"有"变"。他的《文心雕龙校释》在解释"通变"意义时,首先批评了纪昀、黄侃"复古"说不妥当,说:"本篇最启人疑者,即舍人论旨,是否主复古耳。纪昀评刘氏'复古而名通变者,盖当代之新声,既无非滥调,则古人之旧式,转属新声。'黄侃《札记》即申是说。然舍人首言'资于故实,酌于新声',赞语复发文律日新,变则可久,趋时乘机,望今参古之义,则'竞近疏古',古非所尚,泥古悖今,亦岂所喜?证以舍人他篇,每论一理,鉴周识圆,不为偏颇,知纪、黄所论,尚未的当。"①应该说刘永济对纪昀和黄侃的批评是正确的。紧接着,他提出他的"常变"说:"盖本篇本旨,在明穷变通久之理。所谓变者,非一切舍旧,亦非一切从古之谓也,其中必有可变与不可变者焉;变其可变者,而后不可变者得通。可变者何?舍人所谓文辞气力无方者是也。不可变者何?舍人所谓诗赋书记有常者是也。舍人但标诗赋书记者,略举四体,以盖其余也。诗以言志,千古同符,赋以讽谕,百手如一,此不可变者也。故曰:'名理相依,有常之体。'若其志孰若,其辞何出,作者所遇之世,与夫所读之书,皆相关焉,或质或文,或愉或戚,万变不同。此不可不变者也。"②刘永济在这里指出刘勰的"通变"旨在说明文学发展过程有常有变的道理,他的理解的确是比较符合刘勰的原意的。更进一步,刘永济又说明刘勰在其写作当时所针对的文坛弊端,说:"据此,可知齐梁文学,已至穷极当变之会,乃学者习而不察,仍复循流依放,文乃愈弊。舍人《通变》之作,盖欲通

---

① 刘永济:《文心雕龙校释》,华正书局1981年版,第110页。
② 同上书,第110—111页。

此穷途,变其末俗耳。然欲变末俗之弊,则当上法不弊之文,欲通文运之穷,则当明辨常变之理。'矫讹翻浅,还宗经诰'者,上法不弊之文也;'斟酌质文,檃括雅俗'者,明辨常变之理也。故曰:'可以言通变矣。'其非泥古,显然可知。至于举后世文例相循者五家,正示人以通变之术,非教人模拟古人之文也。"①刘永济论《通变》看起来合情合理,似乎没有什么不当之处。但问题似乎就出在对一个"常"字的理解上。在刘永济看来,文学发展中仍然有"常"在的、不变之理。似乎刘勰的"通变"的"通"就是要保持这种不变的原则和道理,但是刘勰是不是这样想的呢?未必。所以,刘永济也给我们留下了思考的空间。

(三)"继承革新"说

把刘勰的"通变"理解为"继承与革新",认为"通"就是继承,"变"就是革新,这种说法流行于现当代的《文心雕龙》研究中。这里,我们举发表较早的陆侃如、牟世金的看法。他们在合作撰写的《文心雕龙译注》中写道:"从'通'与'变'的关系上看,从文学创作必须既有所继承、又有所革新的基本原理上看,刘勰对这个问题是有所认识的。文学创作没有发展革新,当然只能会骤于庭间,不可能骋'万里之逸步'。另一方面,如果不学习古来大量优秀作品,只凭创新,自然要困于贫乏。刘勰强调继承前人有如'饮不竭之源',虽是夸张的说法,也确有一定道理。至于能够'通'、'变'并重,不失于偏颇,更是刘勰论

---

① 刘永济:《文心雕龙校释》,华正书局1981年版,第111页。

文的精到处。问题在于:他主张'通'的'不竭之源'是什么,要'变'的具体内容是什么。其基本观就是:'夫设文之体有常,变文之数无方。何以明其然耶?凡诗、赋、书、记,名理相因,此有常之体也;文辞气力,通变则久,此无方之数也。名理有常,体必资于故实;通变无方,数必酌于新声。'刘勰认为诗、赋、书、记等各种文体的名称及其基本写作原理,是固定不变的,因此要继承前人;至于文辞气力等表现方法方面的问题,变化无穷,就必须有新的发展。由此可见,他不仅认为要继承和革新的,主要是一些形式和技巧问题,且形式技巧的范围,他的理解也是很有限的。'诗、赋、书、记'固然是举例而言,但它最多只能概括一切文体的写作特点。把要继承的面限定得如此狭窄,显然和他所说的'不竭之源'是不相称的。至于应当革新和发展的,即使'文辞气力'四字能概括一切写作技巧,刘勰的认识还是远远不够。"①表面上看,陆、牟两位教授也讲得很有理,但如果我们深入思考一下,就起码可以发现两个疑点:第一,"通变"是否就是现在文学理论所说的"继承与革新",这里是否有用现代的原理去套"通变"这两个古老的概念的嫌疑?第二,刘勰所说的通变是否只限定于狭窄的形式和技巧上面,这里的关键问题是对"体"、"文体"如何理解,文体是否就等于体裁、文类,"体"和"文体"难道只包括文学体裁的写作特点吗?

---

① 陆侃如:《文心雕龙译注》上册,齐鲁书社1982年版,第82页。

二、"通变"的文论内涵——"会通适变"的"运动"

"通"、"变"是何涵义,我们先要考察这两个词的原始意义。《易·系辞上》:"一阖一辟谓之变,往来不穷谓之通。"又《易·系辞下》"穷则变,变则通,通则久。"刘勰对《易》十分熟悉,在诸种典籍中借鉴也最多,他在把"通"、"变"转化为文学发展的术语的时候,不能不考虑这两个词的原始意义。"通"就是门一开一合的意思;"变"则是往来不断的意思;这两个词的共同的意思就是非静止的"动"和"运动"。在哲学上,《易》使用"通"、"变"要表达事物矛盾运动的规律,即"穷"而后思"变","变"而后"通","通"而后则"久"。从"变"到"通",从"通"到"久"这是一个运动变化过程。刘勰的《通变》篇运用"通变"是想把文学放到运动变化中去考察。《文心雕龙》多次用到"通",都有流动之意。如《奏启》篇的"通畅":"理既切至,辞亦通畅";《书记》篇的"通塞":"庶务在政,通塞应详",这里的"通塞"即流动与堵塞。所以,我们是否可以说,"变"是变,"通"也是变,"通"与"变"都是变化运动。

文学创作发展有自身的规律,刘勰认为就是"会通"与"适变"。我们似可以按照《易·系辞下》"穷则变,变则通,通则久"这样的顺序来解释刘勰的《通变》篇。这顺序就是:穷——变——通——久。

首先是"穷"。刘勰遭遇到的是"穷"的问题,所谓"穷"就是当时的文学创作单调匮乏实在令人担忧,这是贯穿《文心雕龙》的一种总的情绪。在本篇中,刘勰在叙事"九代"文体的演变后,他的评论是这样的:"榷而论之,则黄唐淳而质,虞夏质而辨,商周丽而雅,楚汉侈而艳,魏晋浅而绮,宋初讹而新。从质及讹,弥近弥澹。何则?竞今疏故,风昧气衰也。"可见,刘勰认为他所处的"宋初"时期的文体是"讹而新","新"也许是好的,但"讹"即不正,那就走错路了,甚至可以说是"穷途末路"了,这就是刘勰面临的文坛的"穷"。所以研究者都说刘勰的《通变》篇提出的思想是有现实针对性的,这自然是不错的。

其次是"变"。刘勰面临着当时文坛的"穷",那么怎么办?这就要思"变"。可是哪些该"变"呢?如何来"变"呢?刘勰怎样来回答这个问题呢?这就是《通变》篇开头的话:

夫设文之体有常,变文之数无方。何以明其然耶?凡诗、赋、书、记,名理相因,此有常之体也;文辞气力,通变则久,此无方之数也。名理有常,体必资于故实;通变无方,数必酌于新声。

目前一般的研究者多像前面介绍的陆侃如、牟世金那样,把"有常之体"解释为文类、体裁的名称和写作特点,而把"无方之数"的"文辞气力"解释为形式技巧。这种解释,与目前流行于《文心雕龙》研究界的把文体与文学体裁(即文类)混为一谈的情况密切相关。我们必须先要把"文体"与"体裁"作一个区分。文体在刘勰的观念中,包含体裁,又大大超越体裁。按照我的理解,刘勰的文体(体性)概念包含三个层次,即体裁——语体——风格,体裁是比较稳定的,所谓"设文之体有常";而体裁要求一定的语体,《定势》篇所说"章表奏议,则准的乎典雅;赋颂诗歌,则羽仪乎清丽……",其中"典雅"、"清丽",都是体裁所要求的语体,但语体中还有由创作个性所决定的自由语体;一定的语体(包括自由语体)达到极至,那么就是风格了,《体性》所说的"数穷八体"中的典雅、远奥、精约、显附等八种,就是刘勰所理解的风格。所以总的说,文体不仅是体裁,它是整个的语言体式,这种语言体式折射出社会历史精神和作家个性特征。① 文体的内涵是很丰富的。刘勰所说的"无方之数"的"文辞气力"也不仅是形式技巧,"文者情之经,辞者理之纬","文辞"所表达的是情理,"气力"是生命的颤动和心灵的力量,因此"文辞气力"不能不体现出时代的风云变幻、社会关系的错综复杂和作家生命及个性的千姿百态。更具体地说,"文辞"主要体现了时代的、社会的、文化的内涵,"气力"作为生命的勃发和力量,是作家心智的果实。所以刘勰所说的不"变"的是为文的法度,而要"变"的是"文辞气力",除体裁的名称和语体的规范的部分外,几乎整个文体的系统,如体裁的某种改变,与作家个性相适合的自由语体,最后形成的风格,都要作出变革。简单地说刘勰所要"变"的"文辞气力"只是形式技巧,是一种误解。

那么,刘勰认为应该如何来"变"呢?他说:"名理有常,体必资于故实;通变无方,数必酌于新声。"又说:"斯斟酌乎质文之间,而櫽括乎雅俗之际"。刘勰显然认为,文学体裁的名、理是基本稳定的,是变中之不变,只有这样,文学的"变"才有法度可依,这样就要"资""故

---

① 关于文体问题可以参见拙著《文体与文体的创造》,云南人民出版社1994年版。另外,徐复观把文体分成体貌、体要和体裁三层面,也很有道理。可参见他的《文心雕龙的文体论》一文,见台湾学生书局1976年版。

实";但文学创作文体的"变"并不是要回到过去,不是复古。所谓"体必资于故实"、"数必酌于新声",不但不是把"新声"全部排斥掉,而且是要在"质"与"文"之间,"雅"和"俗"之间,"故实"和"新声"之间,找到一个平衡点。刘勰显然认为当时流行的文体过于"文"、太过"俗",因此要在"质文"、"雅俗"之间寻找一个度,这个"度"既不能"过",也不能不"及"。这就是刘勰所希望的"变"。他认为唯有这样的在"故实"与"新声"之间的"资"与"酌",在"质"与"文"之间的"斟酌",在"雅"与"俗"之间的"櫽括",才能"骋无穷之路,饮不竭之源"。不难看出,他的"变"首先是一种文学创作发展中的横向运动,即按时代的需要和创作个性所展开的横向运动,或者说是寻找"度"的运动。更进一步说,变是出发点和归宿点。因为当时文学创作的实际是出现了"讹"、"淡"和"浅"的问题,从这里出发,提出了"变"的要求;而最后通过"变"改变当时的文学创作现状,这就是归宿点了。所以刘勰的"变"是"适变",适应于现今文学创作变革需要的"变"。

  文学创作的"变"是一条规律。在《通变》篇中,他反复强调"变"是不可避免的:"是以九代咏歌,志合文则,黄歌《断竹》,质之至也;唐歌《在昔》,则广于黄世;虞歌《卿云》,则文于唐时;夏歌《雕墙》,缛于虞代;商周篇什,丽于夏年。至于序志述时,其揆一也。"这就是说,从古老的文学发展的历史看,历代都有新变,这种新变是时代更替的结果,是任何人也无法阻挡的。在最后的总结中,刘勰又说:"文律运周,日新其业,变则可久,通则不乏。趋时必果,乘机无怯。望今制奇,参古定法。"这是从理论的角度说明"变"是文学创作发展的有规律的运动,如由质到文,或由文到质。考虑到刘勰在《时序》篇提出

"时运交移,质文代变","歌谣文理,与世推移","文变染乎世情,兴废系乎时序",以及"蔚映十代,辞采九变"等观点,那么我们可以说,刘勰的文学发展观是立足于"变"的,而不是立足于"通"的。问题不在于要不要"变"("变"是必然的,无法阻挡的),而在于如何变。刘勰在回答这个问题时,才认为"变"的条件(或者说前提)是"通"。

其三是"通",在刘勰看来,怎样"变"才会获得成功呢?其中有一个条件,这就是"通"。刘勰提出"会通"的思想。即让现时的文学创作与古典文学接"通",以利于现时文学创作。他是怎样提出"会通"的呢?他说:

> 今才颖之士,刻意学文,多略汉篇,师范宋集,虽古今备阅,然近附而远疏矣。青生于蓝,绛生于蒨,虽踰本色,不能复化。桓君山云:"予见新进丽文,美而无采;及见刘扬言辞,常辄有得。"此其验也。故练青濯绛,必归蓝蒨,矫讹翻浅,还宗经诰。

这意思是说,当今一些才华出众的士人,用心学习文学创作,这自然不错,但他们对于汉代名篇,多有忽略,而对于南宋时人的作品则多加模仿学习。虽然他们古今作品都在阅读,但总是亲近现时的作品,而疏远古代的作品。他们似乎不明白这样的道理:青色是从蓝草取得的,赤色是从蒨草取得的。这两种颜色虽然从蓝草和蒨草的颜色里取得,可再不能变化了。所以,蓝草和蒨草才是根本。桓谭说过:"我阅读新进作家的华丽文章,美是美,却没有收获。等到读了刘向和扬雄的旧文,就常有所得。"所以,真要提炼蓝色和赤色还是要靠蓝草和蒨草。要纠正讹浅的风气,还是要推重古典的经诰。对于刘勰这种"会通"理论,我们似可做两点阐释:第一,我们经常说要变革,这当然不错。但常把古代文化置于脑后,认为"变"就要往前走,怎么能往后看呢? 其实文化是一种积累,一种财富,因此要加以传承,如果不加传承,那么也就不能积累,不能积累连文化都没有,哪里还谈得到变革呢? 对于文化财富,有两种人,两种态度。两种人:一种是具有生命活力的人,一种是生命僵死的人。两种态度:对于具有生命活力的人,他的态度是认为文化是财富,要积极去传承去积累,从这里衍化出新的文化财富来;对于生命僵死的人,他的态度是认为文化是一种包袱和负担,一定要尽快甩掉它、摆脱它。刘勰显然是属于前一种人,所以他认为古代的文化是"蓝草"和"蒨草",它是"不竭之源",从这里可以不断变化出新的"青"和"绛"来。第二,刘勰为什么开出"矫讹翻浅,还宗经诰"的药方呢? 这是因为刘勰有与桓谭相似的感受。在刘宋时期,文坛上充斥着刘勰所说的"讹"、"浅"、"文"、"俗"的作品,华美之极,每天都接受这类华美的作品,就必然会出现俄国形式主义流派的学者所说的那种"自动化"心理状态,对于这些讹、浅、文、俗的作品熟视无睹,甚至没有感觉,也提不起兴趣,不再觉得新鲜,这时候如果回到久违了的古典(刘勰称之为"经诰"),阅读古典,那么就会从讹、浅、文、俗的包围中,回到与讹相反的"正"、与浅相反的"深"、与文相反的"质"、与俗相反的"雅"中来,人们立刻会感到新鲜、奇特、陌生,感觉恢复了,兴趣恢复了。中外多次的"复兴"运动,如韩愈领导的古文运动,欧洲的文艺复兴运动,都是以复古为革兴。刘勰的"矫讹翻浅,还宗经诰",就包含了这层意思。只是他不是当时的文坛领袖，无力发动文艺复兴运动。从这个意义上说，刘勰所说的"经诰"，只是古典的代称，在这里象征着"质"和"雅"，并不具体指某篇"经诰"。另外，刘勰的"会通"也是一个运动过程，从今出发，回到古典，借鉴古典，然后带着古典的滋养，再回到现时文学创作的革新，这是一个纵向的运动。

其四是"久"。文学创作的发展如何才能长盛不衰，刘勰认为这就要掌握通变之术。刘勰在谈到"通变"的意义时说："故能骋无穷之路，饮不竭之源"，或说"变则其久，通则不乏"。刘勰注意到"通"与"变"的辨证关系。他提出了"参伍因革，通变之数"的重要观点，黄侃解释说："彦和此言，非教人直录古作，盖谓古人之文，有能变者，有不能变者，有须因袭者，有不可因袭者，在人斟酌用之"①。黄侃的解释是不错的。需要补充的是，刘勰的话，还提示我们须了解"变"与"通"相互依赖又相互作用的关系。不变，"通"就成为陈陈相因，复古保守，所谓汉初"夸张声貌"而"五家如一"，就是相互因袭而不能持久的例子。这就是说，"通"若离开"变"，文学创作就僵化，就走向死亡，就不能"久"。但不"通"，不吸收文化传统的滋养，就像枝叶离开了根干，则"变"就无所依据，失去了补养，最终是无源之水，也不可长久下去，或者要迷失方向。"变"是"通"的目的，"通"是"变"的必要条件。当然我们知道文学创作的发展有多个条件：一是社会和社会思潮的变化，二是异质文化的影响，三是对民间文化的吸收，四是文学自身的演变，五是会通古代文化传统。"会通"古典文化传统，必然是文学

---

① 黄侃：《文心雕龙札记》，华东师范大学出版社1996年版，第133页。

创作发展的条件之一。"变则其久,通则不乏",也就可以理解了。

三、"通变"的关键在哪里?

在这个问题上,各家的理解也不同。黄侃在注释"先博览以精阅"这句话时,认为"博、精两字最要,不博则师资不广,不博则去取不明,不博不精而好变古,必有陷汙之忧矣。"①范文澜不同意黄侃的看法,他说:"窃案'凭情以会通,负气以适变'二语,尤为通变的要本,盖必情真气盛,骨力峻茂,言人不厌其言,然后故实新声,皆为我用,若情匮气失,效今固不可,拟古亦可憎也。"②我比较同意范文澜的意见,惜其语焉不详,这里稍作一些发挥。

"会通"、"适变"两词均出自《周易·系辞上》:"圣人有以见天下之动,而观其会通。""会通"这里指事物变化的关键。刘勰将此名词改为动宾结构,意思是掌握事物纵向发展的关键之处,也就是指通过借鉴古代的经典,领会掌握古今文学的贯通的途径。又《系辞下》:"易之为书也,不可远,为道也,履迁。变动不居,周流六虚,上下无常,刚柔相易,不可为典要,唯变所适。"意思是卦爻的变化,要适应道的变化。刘勰借用这一词语是指,在"会通"的基础上适应时代的需要,而求文学的新变。不错,黄侃所说的"博览以精阅",也很重要,但这是知识性的行为,并不能深入读者的情感世界。而刘勰的"凭情以

---

① 黄侃:《文心雕龙札记》,华东师范大学出版社1996年版,第134页。
② 范文澜:《文心雕龙注》下册,人民文学出版社1858年版,第527页。

会通，负气以适变"就不但是知识性的，而且是情感性的，深入到了读者的情感世界，拨动读者的心弦。所以我们说"凭情以会通，负气以适变"的关键，还不在"会通"与"适变"这两个词上，而在刘勰自己加上的"情"与"气"这两个词上面。

"情"字在《文心雕龙》中是十分突出的一个词。如《知音》篇："夫缀文者情动而辞发，观文者披文以入情：沿波讨源，虽幽必显。"又《体性》篇："夫情动而言形，理发而文见，盖沿隐以至显，因内而符外者也。"另《情采》篇："昔诗人什篇，为情而造文"，"情者文之经，辞者理之纬"，"为情者要约而写真"。情与理一起被视为"立文之本源"。没有情也就没有文。所以刘勰讲"通变"时提出"凭情以会通"的原则，意思是文学创作发展中对于古代的作品，不是照搬照抄，一定要根据自己的情感体验与古典作品中的情感进行交流对话，在情感交流对话中加以借鉴。譬如对于《诗经》，不是照搬照抄，要把自己从诗里体会到的感情，拿到自己心中去发展，达到对诗的真正的理解，这样古代的诗歌在你心中，就不是僵死的，而是活的，有生命的；活的、有生命的才可能永久铭刻于心，并加以借鉴和吸收。死的、无生命的东西，没有打动你心灵的东西，自己不完全理解的东西，即使再深刻有力，也是不能借鉴和吸收的，所以叫做"凭情以会通"。例如，《诗经》中许多作品，它本身就有质朴的思想感情表现，我们去读它，就要设身处地，以自己的思想感情去理解作品的思想感情，只有这样才能达到读者与古典作品的"会通"。由此看来，"凭情以会通"与孟子所讲的"以意逆志"的含义是相似相通的，都是讲阅读古典作品的时候，要以自己的情志去"逆"去"会"古典作品中的情志，形成对话交流，这样我们对于古典作品就会有真正的理解。只有在理解作品的情况下,才能谈到对于古典作品精神的传承。

那么什么是"负气以适变"呢？气在《文心雕龙》中也是一个重要的范畴,许多篇章都提到。如《体性》篇:"才力居中,肇自血气,气以实志,志以定言。"《风骨》篇:"思不环周,索莫乏气,则天风之验也。""情与气偕,辞与体并"。气,大致上指两种东西:客观的气,是天地的元气;主观的气,则指人的血气、气脉,这是人的生理的力量,即生命的力量,生命的力量有盛有衰,这与人的个性有关。这里讲"适变",认为要"负气以适变",我认为是指作家在求新变时,也要有规定,即要负载着旺盛的气脉和独特的个性去求新变。若缺乏气质和个性,所谓"索莫乏气",而去求新变,那就非"浮文弱值"、"绮靡诡诞"不可,只有表面的辞藻,而毫无骨力和内在的美。或者如范文澜所说,只要情真气盛,无论你效今拟古,都可以获得成功,若情伪气乏,那你怎样效今拟古,都只能失败。情真气盛,则无论古今都可以为我用矣！

(原载《河北学刊》2006年第6期)

刘勰论文体、风格

《文心雕龙》"因内符外"说

提要:本文讨论刘勰《文心雕龙·体性》篇所揭示的风格论。"体"的意义是一个系统,分为体裁—语体—风格三层。一定的体裁要求一定的语体,一定的语体在作家创作个性的浸润下,发展到极致,就形成风格。"性"在刘勰那里分为才、气、学、习四项。就风格的形成而言,先天的才、气是潜能,后天的学、习是释放潜能的条件。刘勰的"体性"篇全力论证了"因内符外"或"表里必符"的观念,这与"文如其人"传统相一致。但是实际创作中,人与文不相类是常有的。这个问题刘勰意识到,却未能作出解释。前人有黄侃的解释,钱钟书的解释。本文从意识与无意识的视角,提出了新的解释。

《文心雕龙·体性》篇中心是讲文学风格的形成和文学风格的基本类型,中心的思想则是"因内符外"以及"各师成心,其异如面"、"吐纳英华,莫非情性"、"表里必符",意思是说,文学创作活动是人的"情性"外化为文的"体式"过程,即内在的隐秘的独特的思想感情外显为语言文字的风格,这内与外是相符的,个性与其风格是对应的,各人的文章的体式不同是其"本心"和"情性"不同。本篇"赞"中所说"才性异区,文辞繁诡"的说法,也是讲人的才性不同,所写的文辞也就繁多各异。《情采》篇:"五性发为辞章",《知音》篇:"夫缀文者情动而辞发",也是"因内符外"、"表里必符"的观点的表述。刘勰为了论证他的这一观点,对"体"与"性"都作了分析,特别是把"性"分为"才"、"气"、"学"、"习"四项,并着重说明这四项如何与"八体"相对应。为了阐释刘勰的"因内符外"说,我们先从他的"体"的概念谈起,次谈他的"性"的概念,最后谈"体"与"性"两者的关系。

(一)"体"的意义

《文心雕龙》一书中"体"字出现了八十余次。在不同的语境中的意义是不同的。这里考察的是"体性"之"体"及其相关的意义。

在《文心雕龙》的研究中,一般把"体"理解为"体裁"和"风格",这种理解大体上是不错的,但不是一种很全面的理解。《文心雕龙》中的"体"字,有的地方明确是指"体裁",如《论说》:"原夫论之为体,所以辨正然否。"《檄移》:"陇右文士,得檄之体也。"有的地方,明显是就风格而言的,如《体性》篇:"体式雅郑,鲜有反其习。"《风骨》篇:"故其论孔融,则云'体气高妙'。"这都是直接谈风格的。但"体性"的"体"是什么概念,其范围就不确定。如果把"体性"的"体"理解为体裁和风格,那么这种理解就存在一个困难,就是从体裁到风格之间跨度太大,似乎一下子就从体裁跳到风格,两者之间没有中介环节,而缺少中介环节二者就难以建立起联系。这一点在一些研究者那里也感觉到了,如王运熙教授。于是他们提出了一个"文体风格"的概念置于"体裁"与"风格"之间,这个思路无疑是好的,但"文体风格"的概念能不能成立,就可以质疑。他们所说的"文体风格",是从曹丕、陆机、刘勰等人的相似的说法中引申出来的。曹丕《典论·论文》:"夫文本同而末异,盖奏议宜雅,书论宜理,铭诔尚实,诗赋欲丽,此四科不同,故能之者偏也。唯通才能备其体。"又陆机《文赋》:"诗缘情而绮靡,赋体物而浏亮,碑披文以相质,诔缠绵而凄怆,铭博约而温润,箴顿挫而清壮,颂优游以彬蔚,论精微而朗畅,奏平彻以闲雅,说炜晔而谲诳。"他们认为,这是体裁决定的风格,是风格的客观因素,所以叫做"文体风格"。我认为这样说,是不够准确的。因为单纯的体裁是无法决定风格的,风格的核心是作家的创作个性,是创作个性在语言风貌上的显现。在创作个性缺席的情况下,如何能谈到风格呢?王元化先生说:"体裁只是规定结构的类型和作品的基本轮廓。"①这个说法比较符合实际。体裁至多只能规定作品的言语风格的大致的轮廓。

下面就来谈我的观点,我认为中国古代文论中的"体"是一个系统,包括三个相互区别又相互联系的层面:

第一层,体裁。

《文心雕龙》里一般用"体"或"体制"这个说法。它分成34大类,

---

① 王元化:《释"体性篇"才性说》,《文心雕龙讲疏》,上海古籍出版社1992年版,第130页。

分在20篇内。如《论说》篇:"原夫论之为体,所以辨正然否",这里的"体"是体裁;《通变》篇:"设文之体有常,变文之数无方",这里的"体"也是指体裁;《熔裁》篇:"设情以位体",这里的"体"也是体裁;《知音》篇:"一观位体……",这里的"体"也是指体裁;《风骨》篇:"昭体,故新而不乱",这里的"体"也是指体裁。等等。这个问题比较简单,不用多说。

第二层,语体(或语势)

具体说就是语言体式。一定的体裁要求一定的语言体式。在刘勰生活的年代,他所提到的几十种文章体裁,都各有其语体。《文心雕龙·定势》篇说:"章表奏议,则准的乎典雅。赋颂歌诗,则羽仪乎清丽。符檄书移,则楷式于明断。史论序注,则师范于核要。箴铭碑诔,则体制于宏深。连珠七辞,则从事于巧艳。此循体而成势,随变而立功者也。"在这里,刘勰具体描述了章、表、奏、议等多种文章体裁的语体。实际上,从第五篇《辩骚》至第25篇《书记》,对其中三十余种文章体裁的语体,都有具体的规定。应该肯定的是,像"典雅"、"清丽"、"明断"、"弘深"、"巧艳"等,都只是对某种文章体裁的大致的语言体制(即语体)简要的概括,还远不能说是风格,即使是说"文体风格",也是不符合刘勰的本意的。如果我们不局限于六朝时期的情况,把问题稍稍扯远一点,我们就更能确认"语体"这个概念。例如,叙述文、抒情文、议论文体裁不同,语言体式也不一样。如抒情文,凝练、含蓄、蕴藉、讲究韵律等,一般而言是其语体的特征。叙述文中的小说,其语体则可以是杂语式的体制,对话、独白、成语、土语、俗语、歌谣、书信、药方、账单,等等,可以编织在一起,汇集于一篇,形成杂语喧哗的小说语体。实际上,在现代,语体是一个世界性的话题,关系到各行各业和社会生活的各个方面。如电脑用语,就是一种特殊语体,像视图、窗口、格式、超级链接、保存、打印预览、复制、粘贴、属性等,不懂电脑的人,尽管认识这些字,却不懂它的意思。又如股市用语,其语体更是特别,什么"筹资"、"市盈率"、"申购"、"走势"、"阴跌"、"围城"、"护盘"、"概念股"、"探底",等等,只有精通股票的人,才能明白这些股市语体的意思。在今天的社会生活的各个行业和方面都有独特的语体。客厅有客厅的语体,不同于商店的语体。教室有教室的语体,不同于操场的语体。集会有集会的语体,不同于卧室的语体。现在在西方有所谓的语体课程,如法语语体学、英语语体学等。现代汉语语体学实际上也正在形成中,只是还没有人专门研究它而已。把话拉回到文学方面来,我认为语体才是体裁到风格的中介环节。这个环节,还不是风格。这三者的关系是:一定的体裁要求一定的语体,上引《典论·论文》、《文赋》和《文心雕龙·定势》篇的说法,就是体裁对相应的语体的规定。一定的语体需经过具有创作个性的作家的运用,并达到极致,才能发展为风格。风格是经过具有创作个性的作家自由运用一定的语体的结果。在这里,作家的创作个性对某种语体的自由的运用,具有决定性的意义,正是创作"赋颂歌诗"作家的创作个性渗透于"清丽"的语体中,才会产生带有不同个性印痕的"清丽",例如曹植的"清丽",谢灵运的"清丽",陶渊明的"清丽",这才是作为风格的"清丽"。就是说,某种语体经过作家的个性的自由的浸润,风格才有可能形成。

语体问题,在刘勰之前早就有所论述。"诗之六义",赋,比,兴,

风,雅,颂。"风、雅、颂"是诗的体裁问题,而"赋、比、兴"就是语体问题,按朱熹《诗集传》中的解释:

"赋者,敷陈其事而直言者也。"直陈其事,似可理解为叙述语体。"比者,以彼物比此物也。"取物为比,似乎是一种抒情叙事中的明喻语体。"兴者,先言他物以引起所咏之词也。"托物起兴,似乎是一种象征语体。赋比兴是诗的内部不同体裁的三种不同语体。

《典论·论文》、《文赋》和《文心雕龙·定势》的相关说法以及刘勰提的"昭体"、"晓变"的原则,是对语体理论的重要发展。

总之,语体又可分为体裁的要求和个人的自由创造两个层面,而后者是语体发展为风格的基础。

第三层,风格。

这是刘勰在这篇《体性》中讲的"体性"的"体"。值得注意的是,刘勰把"体—风格"分为"八体"。刘勰说:"若总其归途,则数穷八体。一曰典雅;二曰远奥;三曰精约;四曰显附;五曰繁缛;六曰壮丽;七曰新奇;八曰轻靡。"

刘勰对这八体一一作了确切的描述。研究者对于这"八体"多有研究,但多注意探讨刘勰赞美的是哪几体,否定的是哪几体。对于刘勰"八体"说的弹性和无限性注意得不够。这里的问题是,刘勰为什么不说七体,也不说九体,而说"八体",讲"八体"是偶然的,还是必然的?其意义在哪里?实际上刘勰自己对此问题是有暗示的,而且字里行间流露出得意之情。刘勰说:"故雅与奇反,奥与显殊,繁与约舛,壮与轻乖。文辞根野,苑囿其中矣。"显然,刘勰认为把风格分为八体犹如《易》中的八卦,八卦囊括了整个宇宙,那么他的"八体"如果加以变化,也就包括了全部文学的风格了,所以他得意地说"文辞根野,苑囿其中矣"。那么,刘勰的"八体"说是否真有那种功能呢?我们可以用图示加以实验:

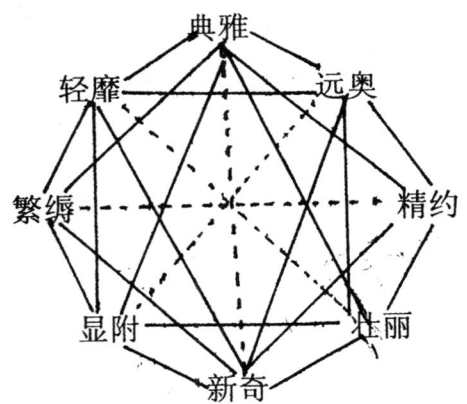

显然,这是一个八卦图的变形。实线相连表示两种风格可以相兼,虚线相连表示不能相兼,依此类推,我们可以变化出许多风格八卦图来。如根据陈望道的《修辞学发凡》一书提出的四对八体的说法:1.简约、繁丰;2.刚健、柔婉;3.平澹、绚烂;4.谨严、疏放,我们也可以画出如下的风格图:

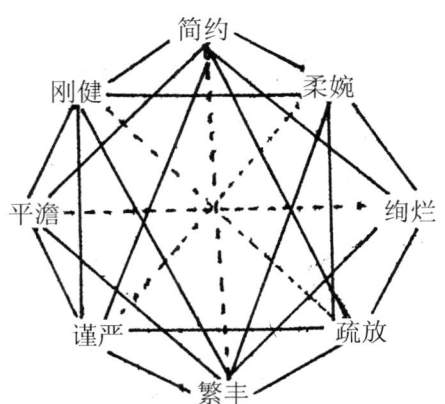

由此可以看出,刘勰虽然只列出"八体",但如果加以变化,则可"八体包万变"。刘勰的风格形态分类,的确是一种发现,至此为止,我们还不能寻找出一种比刘勰更好的分类的方法。司空图的《诗品》把风格分为24类,带有很大的随意性。清代姚鼐把风格分为阳刚与阴柔,则又太简略,很难形成一个风格的形态系统。所以现代著名的语言学家陈望道选择了刘勰的风格分类,不是没有道理的。

风格是作家创造个性成熟的表现,同时也是某种语体发展到极致的表现。这两者之间是有联系的,正是创作个性的成熟促成语体的自由运用,语体自由运用了,某种语体才能发展到极致,语体发展到极致,风格才得以形成。

(二)"性"的意义

刘勰提出:"然才有庸俊,气有刚柔,学有深浅,习有雅郑……故辞理庸俊,莫能翻其才;风趣刚柔,宁或改其气;事义深浅,未闻乖其学;体式雅郑,鲜有反其习;各师成心,其异如面。"刘勰认为"性"或者说"情性"可以分为四项:才、气、学、习。才、气是先天的"情性",学、习是后天的"陶染"。就风格的形成而言,先天的才、气是潜能,后天的学、习是释放潜能的条件。这比曹丕《典论·论文》中的著名的"文以气为主"的说法进了一大步。有的学者批评刘勰过分看重先天的条件,这个看法是不能说服人的。刘勰说:"夫才有天资,学慎始习,斫梓染丝,功在初化,器成采定,难可翻移。"这就是说虽然先天的才、气是重要的,但就像做木器和染丝一样,做成什么木器,染上什么色彩,功夫还是在后面。这说明刘勰也是看重后天的努力的。值得注意的是,刘勰认为,先天与后天的四个要素与后面所讲的"八体"有关。郭绍虞在《中国文学批评史》第二版注意到这一点,他说:"刘氏所说的八体可以归纳为四类:雅与奇为一组,奥与显为一组,繁与约为一组,壮与轻为一组。这四组就是所由构成风格原因的四类。雅与奇指体式言,体式所以会形成这两种不同的风格,就视其所习,所以说'体式雅郑,鲜有反其习'。奥与显指事义言,事义所以会形成两种不同的风格,有待其学,所以说'事义深浅,未闻乖其学'。繁与约指辞理言,形成之因视其才,所以说'辞理庸隽,莫能翻其才'。壮与轻指风趣言,形成之因视其气,所以说'风趣刚柔,宁或改其气'。在这里,雅奇、奥显、繁约、壮轻是两种相等的不同的风格,雅郑、浅深、庸隽、刚柔又是两种相对的表示优劣的评语,两相配合,固然不能尽当,但是雅奇与习,奥显与学,繁约与才,壮轻和气,却是很有关系的,所以我们还可以这样比附。在此四类之中可以再综合为两组,这即是他所说的'情性所铄,陶染所凝',情性出于先天,所以才与气可以合为一组,所谓'才由天资。'陶染出于后天,所以学与习又可合为一组,所谓'学慎始习'。"郭绍虞先生列出一个表:

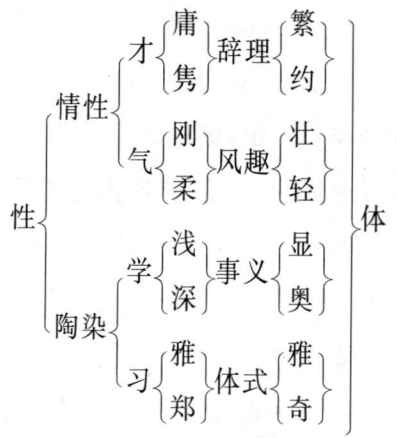

这是把"因内符外"和"表里必符"的思想,作了细致的对应描述。当然,这样机械地整齐对应可能把复杂的问题简单化了,可大体而言是有道理的,其中似乎也有可以参考的地方。

(三)"体"与"性"对应关系

在风格与人格的对应问题上,刘勰提出了"因内符外"、"各师成心,其异如面"、"吐纳英华,莫非情性"和"表里必符"的观点。这种思想与中国传统的"文如其人"相一致。《易》:"将叛者其辞惭,中心疑者其辞枝,吉人之辞寡,躁人之辞多,诬善之人其辞游,失守者其辞屈。"这是把人的心理和行为与人的言语风格联系起来考察的意思。其后有大家都熟悉的扬雄的"心画心声":"言,心声也;书,心画也,声画形,君子小人见也"。扬雄的"心画心声"说,可以说是最早把人的语言、书法与其作者的人品联系对应起来的,对后代影响很大。陆机《文赋》:"夸目者尚奢,惬意者富贵,言穷者无隘,论达者唯旷。"刘勰在《文心雕龙·体性》篇继承和发挥前人的思想,说:

> 是以贾生俊发,故文洁而体清;长卿傲诞;故理侈而辞溢;子云沉寂,故志隐而味深;子政简易,故趣昭而事博;孟坚雅懿,故裁密而思靡;平子淹通,故虑周而藻密;仲宣躁锐,故颖出而才果;公干气褊,故言壮而情骇;嗣宗倜傥,故响逸而调远;叔夜俊侠,故兴高而采烈;安仁轻敏,故锋发而韵流;士衡矜重,故情繁而辞隐,触类以推,表里必符。

在这里,刘勰以12个案例来证明他所强调的"因内符外"说或"表里必符"说,肯定了文与人相类的观点是不容置疑的。我们看到刘勰的说法与后来的"文如其人"的观点一致,与以法国学者布封为代表的"风格就是人"的观点也是不谋而合的。应该说这种观点反映了文学风格问题的一般情况,也是真正的作家力求达到的境界。但在实际中人格与风格的关系是相当复杂的精神现象,人格与风格之间存在着千变万化的关系,难于一概而论。只看它们之间的一致性,简单地因人格而论作品,和简单地以风格推论人格,不考虑各种变动不居的情况,是知其然,不知其所以然。

人格与风格不一致的情况是存在的。如元好问《论诗绝句三十首》之一:

> 心画心声总失真,
> 文章宁复见为人。
> 高情千古闲居赋,
> 争识安仁拜路尘。

这是对扬雄的"心画心声"说的质疑,实际上也是对刘勰的"表里必符"的观点的质疑。他举了潘岳的《闲居赋》为例,如果我们不知潘岳的为人,读了这篇赋,还真以为这位先生确实在宦海沉浮中感到厌倦了,他已不看重功名利禄了,决心闲居归隐,种花养草,还以为这位先生是一位人格高尚的、志洁行廉的高士。实际情况并非如此。《晋书·潘岳传》"性轻躁,趋势利。与石崇等陷事贾谧,与崇辄望尘而拜。"原来是一副溜须拍马、趋炎附势的小人相。元好问诗中写的"拜路尘",即指此事。

清人黄叔琳认为刘勰说得太绝对,在《体性》篇旁批道:"有文辞得其情性,虽并世犹难之,况异代乎?如此裁鉴,千古无两。"纪昀也说:"此亦约略大概言之,不必皆确。百世以下,何由得其性情,人与文不类者,况又不知其几耶?"如果我们联系现代作家的情况,人与文不相类的情形更是比比皆是。那么这个情况难道刘勰没有看到吗?实际上人与文不相类的情况,刘勰并非不知道。他在《情采》篇中曾明确指出:"故有志深轩冕,而泛咏皋壤,心缠几务,而虚述人外,真宰弗存,翩其反矣。"意思是有的人热衷于做官为宦,却虚伪地唱要隐居田园的高调,有的人内心为政务所缠,却假惺惺地抒发世外的什么情趣。不敢袒露真情实意,所说的恰好是相反的话。这不是人与文不类吗?可见刘勰对人与文不相类的情况,是深有所知的。况且刘勰对历代的文人都有考察,他不可能不知道。但是,我们不能不说,刘勰的确没有把人格与风格不相类的道理说清楚,于是后来对此就有不少补充。

黄侃《文心雕龙札记》提出了自己的看法:"纪氏谓不必皆确,不悟因文见人,非必视其义理之当否,须综其意言气韵而察之也。"黄侃的意思是,人与文是不是相类,不是看作品"义理"是否与作者相类,而是要综合地看,即综合"意"、"言"、"气"、"韵"四项来看。黄侃这个看法很有启发性。

钱钟书的看法基本上与黄侃的看法一致,《谈艺录》:"所言之物可以饰伪,巨奸为忧国语,热中人作冰雪文是也。其言之格调,则往往流露本相。狷疾人之作风,不能尽变为澄澹,豪迈人之笔性,不能尽变为谨严。文如其人,在此不在彼。"钱钟书强调语言的"格调"是必然是"因内符外"、"文如其人"。

我的基本看法是,刘勰的"因内符外"说或"表里必符"说还是确论。在一般的情况下,人格总要这样或那样地在作品中表现出来,不表现是不可能的。这里我想从意识与无意识的角度,对黄、钱的观点作进一步的补充。

大家知道,人在说话或写作时候的口气、句式、语调和韵调等,甚至情绪、情感的表现方式,是在长期的生活实践和艺术实践中形成的,它们深入到人们的无意识层面,成为人的不可改变和不可剥离的内心生活的一部分,往往在不经意间就会流露出来,想控制都控制不住。豪放者自然豪放。飘逸者自然飘逸。谨慎者自然谨慎。拘束者自然拘束。这样的例子是很多的。我们只需比较一下李白与杜甫不同的诗句,就可以看得很清楚。像李白的豪放的自由的情感与语调,如"噫吁嚱,危乎高哉!蜀道之难,难于上青天!蚕丛及鱼凫,开国何茫然。尔来四万八千岁,不与秦塞通人烟。西当太白有鸟道,可以横绝峨眉巅。地崩山摧壮士死,然后天梯石栈相钩连……"(《蜀道难》)又如"金樽清酒斗十千,玉盘珍羞直万钱;停杯投箸不能食,拔剑四顾心茫然……"(《行路难》)"且放白鹿青崖间,须行即骑访名山。安能摧眉折腰事权贵,使我不得开心颜。"《梦游天姥吟留别》李白诗歌词语、韵调的这种悲壮、豪爽、自由和随意,完全是李白深层无意识的自然显现,装是装不出来的。杜甫的诗另是一样,如"人生不相见,动如参与商。今夕复何夕,共此灯烛光。少壮能几时?鬓发各已苍!访旧半为鬼,惊呼热中肠……"(《赠卫八处士》)杜甫诗的语调是舒缓的、顿挫的、十分讲究韵律的,与李白的诗句绝不相同。当然,像这里这样摘引个别的诗句来比较,并不能完全说明问题,若是我们把李白和杜甫的诗全部读过后,再进行比较,那么我们就会感受到他们的诗的用词、造句、口气、韵调、格式以及表达情感的方式,的确有很大的不同。

那么,为什么又说人格与文格有时不相类呢?主要是因为文学作为一种"依存美",即它要有具体的内容,不能不延伸到人的意识的层面,延伸到自觉的理性的层面。这样在作品的意识和理性的层面,作者是完全可以进行自我调控的,即他可以隐瞒自己的观点,也可以夸大自己的观点,这就有作伪的可能。所谓"巨奸为忧国语,热中人作冰雪文"的情况也就这样发生了。潘岳的情况就是一个典型的例子。这样的例子是很多的。所以在作品的"义理"上面,是有意识控制的,作者不真实地表达自己的思想,就会出现人与文不相类的情况,出现人格与风格不相类的情况。刘勰意识到了这个问题,但是他没有把道理讲出来。他生活在公元5-6世纪之间,我们没有理由苛求他。

刘勰十分重视风格问题,有的学者认为,不但"体性"篇讲风格问题,《定势》、《风骨》也是讲风格问题。刘勰重视风格问题可能与六朝时期的人物评品的风气有关系。人物的相貌与内在的气质如何,成为一个人物的独特性的标志。某个人有什么思想和说什么话,都可能转移到另一个人物的身上,唯有人物的品貌是永远属于自己的,任何人也不可能把品貌转移过去。刘勰可能受当时这种人物评品文化的影响,而想到作家的创作。作为创作的题材内容,完全是可以转移的,你有一个题材,可是经另一个创作高手拿去,可能写出比你更有魅力的东西来。唯有你的文字风格是属于你自己的,永远不会被人拿去。因此。刘勰认为一个作家应十分重视附丽于自己创作个性的风格。

(2001年改定,原载《福建论坛》2001年第5期)

《文心雕龙》"循体成势"说

提要:本文讨论《文心雕龙·定势》篇。评述了对《定势》篇中的"势"的五种理解。包括"法度""标准"说、"体态"说、"表现形式"说、"风格倾向"说和"文体风格"说。本文认为"文体风格"说的思路大体正确,但提法不妥。本文根据作者的"文体"论的系统思考,提出了刘勰所要定的"势"是语体之势;比较了徐复观的文体论与作者自己文体论的同与异,进一步确认刘勰的"势"属于文体系统中的语体层面。对个人的自由语体之势的重视。概括刘勰认为运用语势的三个原则。

"定势"篇的前面四篇是"神思"篇、"体性"篇、"风骨"篇、"通变"篇,其后五篇则是"情采"篇、"熔裁"篇、"声律"篇、"章句"篇、"丽辞"篇,从这种联系中,我们大体可以判定"定势"篇要讨论的是创作问题,即所谓"文术"问题,但如果进一步追问"定势"所要定的是什么

"势",那么我们就遇到了困难。本文试图克服这个困难。

一、"势"的五说

《文心雕龙》"定势"篇的"定",就是"确定"的意思,但要"确定"什么"势"呢?其实"定势"篇最重要的一个概念就是"势"。什么是"势",怎样来理解"势",这可谓众说纷纭,莫衷一是。大致说来,有以下五种说法:

(一)"法度"、"标准"说。这是较有权威的一种文字考证的说法。黄侃解释说:"《考工记》曰:审曲面势。郑司农以为审察五材曲直、方面、形势之宜。是以曲、面、势为三,于词不顺。盖匠人置槷以县,其形如柱,傅之平地,其长八尺以测日景,故势当为槷,槷者臬的假借。《说文》:臬,射埻也。其字通作艺。《上林赋》:弦矢分,艺殪仆。本为射的,以为端正有法度,则引申为凡法度之称。"[①]这就把"势"训为"槷"。而"槷"为古代插在地上测日影的标杆。"槷"通"艺"。然后再把"势"引申为法度。范文澜在《文心雕龙注》中同意黄侃的意见,并又提出:"势者,标准也,审察题旨,知当用何种体制作标准。"把"势"看成"法度"、"标准",主要根据文字学的考证,似脱离本文的语境,很难成立。当然黄侃在解释"定势"的时候,也有许多意见对我们有启发。(详下文)

(二)"体态"说。刘永济在《文心雕龙校释》中认为:"统观此篇,

---

① 黄侃:《文心雕龙札记》,中国人民出版社2004年版,第107页。

论势必因体而异,势备刚柔奇正,又须悦泽,是则所谓势者,姿也。姿势为联语,或称姿态;体势,犹言体态也。公干、士衡以慷慨激越为姿,不务悦泽。故舍人通斥之。观其圆转方安,水漪木阴之喻,非姿而何?"①从刘永济著作的前后文看,他所说的"势"是"体态"、"姿势",最后又归结为"阳刚之美"和"阴柔之美",这样"势"就成为一种美的形态了。台湾学者多有从此说者。② 这种看法是一种常识性的推论,可以理解,但似不完全可信。

(三)"表现形式"说。此说由陆侃如和牟世金提出。他们在解释"定势"篇中的"夫情固先辞,势实须泽"这句话的时候,说:"这是对'尚势而不须悦泽'的纠正,'势'必须润饰,说明刘勰的体势论侧重于表现形式方面。"③又涂光社《文心雕龙"定势论"浅说》一文,说:"'定势'是创作过程择'术'的一部分,'势'与现代文论中的表现方式在概念上有相近之处。"④这种说法虽然在解释《定势》篇提出,但基本上了脱离开文本的语境,很难令人信服。

(四)"风格倾向"说。詹锳在《文心雕龙义证》中说:"在《定势》篇里,'势'和'体'联系起来,指的是作品的风格倾向,这种趋势变化是无定的。《通变》篇说:'变文之数无方','势'就属于《通变》篇所谓'文辞气力'这一类的。这种趋势是顺乎自然的,但又有一定的规律

---

① 刘永济:《文心雕龙校释》,华正书局1981年版,第113页。
② 参见刘渼《台湾近五十年来〈文心雕龙〉学研究》,万卷楼图书有限公司2001年版,第392—395页。
③ 陆侃如、牟世金:《文心雕龙译注》下,齐鲁书社1981年版,第137页。
④ 参见詹锳《文心雕龙义证》中,上海古籍出版社,第1110页。

性,势虽无定而有定,所以叫做'定势'。"① 此说把"定势"与"文辞气力"联系起来考察,有一定道理,但仍然说得比较笼统,不能让读者体会到"风格倾向"具体所指。

(五)"文体风格"说。王元化《刘勰风格论补述》:"刘勰提出体势这一概念,正是与体性相对。体性指的是风格的主观因素,体势则指的是风格的客观因素。"② 此外,如寇校信在《释体势》中说:"对自然界事物来说,'势'指它的一定的'姿态';对文章来说,'势'则含有风格的意思,不是作家的个人风格,而是文体风格。"③ 认为势是"文体风格","不同的体裁形成的不同风格是势",这种意见最多,除上面几人外,如周振甫、王运熙等都持这种看法。

在这众多的看法中,第五种意见无疑接近刘勰的本意。刘勰《定势》篇说:

> 是以括囊杂体,功在铨别,宫商朱紫,随势各配。章表奏议,则准的乎典雅;赋颂歌诗,则羽仪乎清丽;符檄书移,则楷式于明断;史论序注,则师范于核要;箴铭碑诔,则体制于宏深;连珠七辞的,则从事于巧艳:此循体而成势,随变而立功者也。

这里举出了各种体裁,然后规定了典雅、清丽、明断、核要、宏深、巧艳六种格调。这就是说,把"势"理解为"文体风格"是从刘勰本文立论

---

① 詹锳:《文心雕龙义证》中,上海古籍出版社,第1113页。
② 王元化:《文心雕龙创作论》,上海古籍出版社,第125页。
③ 参见詹锳《文心雕龙义证》中,上海古籍出版社,第1111页。

的,是有根据的。其他各说,都与刘勰的本意有点"隔",不足以说服人。而且把"势"理解为"文体风格"还基于这样一种思路,即体裁——风格跨度太大,缺少中介,于是他们就提出了体裁——文势——体性这样一个逻辑序列:"因情立体"——"循体而成势"——"体性"形成。这个思路有其合理因素,大体上也符合刘勰本意。

但是,用"文体风格"一词来解释"势"又欠妥当,同时也不足以涵盖"势"的内容。既然是"风格",就必须与作家的创作个性相联系,因为风格是作家创作个性的显现,没有作家个性的投入,即没有刘勰所说的"体性"的"性",是不能谈什么风格的。人们所理解的文体对作品的风格当然有影响,这是要充分看到的;但文体本身还不足以规定整个风格。而且从文类的角度来理解"文体",也还存在问题(详下)。是否可以这样来考虑:用"文体风格"一词来解释"势",就思路来讲大体上是对的,可用"文体风格"一词似不当。因为它忽略了风格形成的充分条件,与《体性》篇所讲的"因内符外"、"表里必符"的观点也不一致。

二、"定势"所定的是语体之势

依我个人的学习体会,刘勰《定势》篇所讲的"势",是指语势,即《通变》篇所说的"文辞气力"之"势"。无论是那一种"体",首要的因素是语言文字,正是语言文字构成了"体"的基础,若没有语言文字,那么文章之"体"就不存在,怎么能讲到与"体"相关的更深层次的问题呢? 在这个意义上,高尔基所说的"语言是文学的第一要素",是不刊之鸿论,是永远不会过时的真理。刘勰讲"势"所提出的第一原理就是"即体成势"或"循体成势",就是从文章之体的语言文字层面来规定"势",那么这"势"就首先是一定的文章体裁所要求的语势。刘勰未给"势"下定义,他用了比喻,他说:

> 势者,乘利而为制也。如机发矢直,涧曲湍回,自然之趣也。圆者规体,其势也自转;方者矩形,其势也自安:文章体势,如斯而已。

这就是说,对一个事物来说,"势"不是人为强加的,它是事物的本身运动的自然趋势。文章体裁与语言文字之势的关系也是如此。不同的文章体裁自然而然地要求与它匹配的语势,这语势,用现代的名词来称呼,也就是语体(Style)[①]。叙述文一般不能用议论语体,也不能用抒情语体,只能用叙述语体,否则就不符合语势。反之,议论文、抒情文也一样。要是从古典文学的角度看,诗有各种体制,如古体、近体,近体又可分为四言体、五言体、七言体、杂言体等。小说也有各种体制,传奇、话本、章回小说等,抒情文也可分为散文体、骈文体等,这些不同的文学作品体制,在语言文字的长短、声律的安排、排行的样式等方面都有起码的规定,这就构成了不同的语体。这种不同的语体实际上因长短、对偶、声律等不同,自然而然地会形成不同的语势。我们读律诗与读词,读散文与读韵文,读诗歌与读小说,就

---

① 英文 style,中文可翻译为风格、格调、笔调、语体、文风等。

会感觉到那语体之势是不同的。在刘勰生活的时代,他提出的六种语体之势:典雅、清丽、明断、核要、宏深、巧艳,是与章表奏议、赋颂歌诗、符檄书移、史论序注、箴铭碑诔、连珠七辞相匹配的,是"其势也自转","其势也自安",是"即体成势"或"循体成势"。总之,势的第一个定义是指体裁所要求的"语体"。这个说法,并不是从刘勰开始的,刘勰之前,曹丕在《典论·论文》中即提出:"夫文本同而末异。盖奏议宜雅,书论宜理,铭诔尚实,诗赋欲丽。此四科不同,故能知者偏也。唯通才能备其体。"①这里所谓的"四科不同",就是说"奏议"、"书论"、"铭诔"、"诗赋"这四种文类或体裁各有自己的语体,这语体就是这"四科"所要求的"雅"、"理"、"实"和"丽"。曹丕这一论说,具有划时代的意义。因为此前很少专门从体裁的角度来规定语体,人们谈论的都是文类的思想内容,如前面谈到儒家常论到的"思无邪"、"发乎情,至乎礼义"等,总是宣扬儒家政教而强寓训勉。文类的意识淡薄,文类所规定的语体意识更淡薄。到曹操、曹丕父子,抑儒家政教而扬文学自身。鲁迅谈到曹丕也特别提到他的"诗赋欲丽"的意义,他说:"曹丕著有《典论》……那里面说:'诗赋欲丽'、'文以气为主'……他说诗赋不必寓教训,反对当时那些寓训勉于诗赋的见解,用近代的眼光看,曹丕的一个时代可说是'文学的自觉时代'。"②鲁迅这个评价很独特也很有分量。陆机接着曹丕,在《文赋》中对此有

---

① 曹丕:《典论·论文》,见《魏晋南北朝文论选》,郁沅、张明高编选,人民文学出版社1996版,第13页。
② 鲁迅:《魏晋风度及文章与药及酒之关系》,《鲁迅全集》第3卷,人民文学出版社1959年版,第382页。

进一步发展，他说:"诗缘情而绮靡,赋体物而浏亮,碑披文而相质,诔缠绵而悽怆,铭博约而温润,箴顿挫而清壮,颂优游以彬蔚,论精微而朗畅,奏平彻以闲雅,说炜晔而谲诳。"这里陆机把当时的主要文章类别或体裁分为十类,即诗、赋、碑、诔、铭、箴、颂、论、奏、说,对这十类体裁的题材都有大致的要求,并根据不同体裁的题材的特点,提出不同体裁的语体规范。显然,刘勰的《定势》篇是接着曹丕、陆机的说法而"接着说"的。

可贵的是,刘勰的"势"还有第二个含义,即个人的语体之语势,作家在创作中发挥自己的创作个性而形成的不同的语体之语势。刘勰在本篇中说:"然渊乎文者,并总群势:奇正虽反,必兼解以俱通;刚柔虽殊,必虽时而适用"。又说,"文家各有所慕"。这就是说,作为语体的"势"并不是被体裁规定死的,作家有自己的个性,有自己的"气",可以有自己的灵活性,奇与正虽反,但作家可以融会贯通,刚与柔相异,但作家可以根据时代的需要来加以运用,这种经过作家的创作个性过滤的语体,就是个人语体。

这样,"势"就有两重含义：

第一含义,势是相对稳定的,所谓"循体而成势",这是体裁规定的规范语体,不同的体裁有不同的语体。写作的时候,要"循体定势(语体)",这是不能弄错的。你写的是诗赋,那么语体肯定与"清丽"有密切联系,即要遵守诗性的语体的基本要求,离开或违背这种要求,就违背"循体成势"的原则。如果你写的是章、表、奏、议,那么从语体上就要求"典雅",如果你在章、表、奏、议中不用"典雅"的语体,而用"清丽"语体,那就错了。这是刘勰"循体而成势"的第一个含义。

第二含义,势又是灵活的,可以根据自己的个性和喜好自由选择的。所以紧接着"循体而成势",刘勰讲"随变而立功"。"随变而立功"这就是随作家自己创作个性的选择和自由发挥。这就是说,作为个人语体的"势",又是可以灵活变化的,不是不变的、刻板的。刘勰为了发挥他的"随变而立功"的观点,在本篇中引了桓谭、曹植等人的言论:"桓谭称:'文家各有所慕,或好浮华而不知实核,或美众多而不见要约。'陈思亦云:'世之作者,或好烦文博采,深沉其旨者;或好离言辨白,分毫析厘者:所析不同,所务各异。'言势殊也。"刘勰所引都是为了强调第二含义的"势"是各人不同的,具有无穷变化的,是作者的创作个性的体现。这第二含义的"势"尤为重要,因为第一含义的"势"仅仅是某种文类所要求的相对稳定语体,这种语体并没有艺术的意味,或很少艺术的意味;只有把"语体"升华为第二含义的"势",那么这"势"就为一般语体转变为风格创造了条件,艺术的意味才得以发挥出来。所以这第二含义的"势"是不变中的变,"有定而又无定",是形成风格的基本条件,是艺术性的体现,其层级在第一含义的"势"之上。这两者的关系应该是这样的:语体(第一含义之"势")是风格(第二含义之"势")的基础,而风格(第二含义之"势")则是语体(第一含义之"势")的艺术性的升华。语体还没有体现出艺术性,而风格的形成则是艺术性的集中体现了。刘勰对第二含义的"势"的理想似乎是刘桢所说的"辞已尽势有余",但达到这种高度的"天下一人耳",意思是很少很少。所谓"辞已尽势有余",就是说建立语体上所形成的风格有无穷无尽、永远也说不完的艺术意味。

那么,刘勰为什么要专设一个《定势》篇?他提出基于语言文字基础上的"势",在当时有何现实意义?这是为了批评齐梁时期文坛上的"讹势"倾向。这一点黄侃、刘永济等人都谈到。如刘永济说:"齐梁之文,于字句之润饰务工,音律之谐和务切。于时作者,遂有颠倒文句以为新奇者,舍人訾为'讹势'也。例如江淹《别赋》:'孤臣危涕,孽子坠心',本危心坠涕也。又《恨赋》:'意夺神骇,心折骨惊',本骨折心惊也。此例之外,复有增字、省字、换字之法……"①刘勰所处的时代,正是骈体文流行之时,作家在文学修辞上面,从文句、声律等各个方面不能不加以润饰,润饰过分,或文字晦涩难懂,或讹滥不通,这就要贻笑大方,用刘勰的话说就是"讹势"。《定势》篇讲解作家写作运用语言过程中,什么是"有定"的,什么是"无定"的,是可以根据自己来创造,以求得艺术性的表现的。

上述"势"的两个含义,若能放到"文体"的整个系统中去考察,那么我们的理解就会更进一步。可对于"文体"人们的理解常有混乱之处。台湾著名学者徐复观所著《文心雕龙的文体论》是一篇"龙学"研究的重要论文,此论文并没有引起"龙学"界的重视,就是在台湾也没有引起足够的注意。这篇论文长达83页,没有办法介绍,这里仅就徐复观关于"文体"的见解,作一扼要的转述,也许对于理解本篇所提出的"势"是有益的。徐复观首先批评了中日学者在《文心雕龙》研究中常把"文体"与"文类"(文学体裁)相混淆。如通常都把《文心雕龙》中《明诗》到《书记》这二十篇称为"文体论",徐复观指出这些研究者所说的"文体论"实际上是体裁论,把文体等同于体裁或文章体制,这

---

① 刘永济:《文心雕龙校释》,华正书局1981年版,第114—115页。

是不对的。徐复观认为,文体是一个大概念,它本身就是一个系统。文体按照刘勰的意思包含了体裁、体貌、体要,"文体无不指文学中的艺术性的形相"①。徐复观的基本观点是这样的:

"体"……即是形体,即是形相;所以《文心雕龙》上,常将体与形互用;《定势》篇"赞"谓"形生势成",即该篇上文之所谓"即体成势",此即体与形互用之一证,也即是文体最基本的内容,也即前面所说的艺术的形相性。但此形体,应分为高低不同的次元。低次元的形体,是由语言文字的多少长短所排列而成的,此即《文心雕龙·神思》篇所说的"文之制体,大小殊功"。例如诗的四言体,五言体,七言体,杂言体,今体,古体,乃至赋中有大赋、小赋,有散文,有骈文等是。文体既是形相,则此种由语言文字之多少所排列而成的形相,乃人最易把握到的,这便是一般所说的体裁或体制。但仅有这种形相,并不能代表作品中的艺术性;所以体裁之体,是低次元的;它必须升华上去,而成为高次元的形相;这在《文心雕龙》,又可分为"体要"之体与"体貌"之体。体要之体与体貌之体,必须以体裁之体为基底;而体裁之体,则必在向体要与体貌的升华中,始有其文体中艺术性的意义。体要与体貌,如后所述,可以说来自文学史上两个系统。但体要仍要归结到体貌上去。所以若将文体所含的三方面的意义排成三

---

① 徐复观:《文心雕龙的文体论》,《中国文学论集》,台湾学生书局 1976 年版,第 9 页。

次元的系列,则应为:体貌←体要←体裁的升华历程。有时体裁可以不通过体要,而径升华到体貌。"体貌",是文体一词所含三方面意义中彻底代表艺术性的一面。①

徐复观从一个比较开阔的视点来对待"文体"这个概念是可取的,具有启发性的。第一,徐复观把文体看成一个由三个要素所构成的系统,文体包含体裁、体要和体貌,而不像许多学者那样,仅仅把文体理解为文类、文章体制;第二,在文体三个要素中,形成了由低向高的升华运动,体裁是基础,而体貌才是根本;第三,文学作品就是文体三要素的统一,文学的艺术性形象也就在这统一中。根据他的这个理论,他认为整部《文心雕龙》都在讲文体问题;而"《定势》一篇的大意,即以体要有常之体,定体貌日新之变"②。徐复观的这种解说,就是把"势"放到整个文体系统中去把握,这无疑是一种具有智慧的深刻理解。

笔者也对文体论有初步的研究,于1994年出版《文体与文体的创造》③一书。我与徐复观一致的地方有三点:一、不把文体局限于文学体裁,而认为文体具有丰富的意义,它是一个系统;二、文体包含了三个要素,是一个升华运动;三、文体的创造是达成文学的艺术性的根本途径。但是与徐复观不同的是我对文体有另一种理解。我在

---

① 徐复观:《文心雕龙的文体论》,《中国文学论集》,台湾学生书局1976年版,第18页—第19页。
② 同上书,第68页。
③ 拙著《文体与文体的创造》一书由云南人民出版社于1994年出版。

书中说:"文体不单是指那种被狭隘化了的文类,也不单是指文学的风格,我们试图从更丰富的意义上来探讨它。我们大致上给文体这样一个界说:文体是指一定的话语秩序所形成的文本体式,它折射出作家、批评家的独特的精神结构、体验方式、思维方式和其他社会历史、文化精神。上述文体定义实际上可分两层来理解,从表层看,文体是作品的语言秩序、语言体式,从里层看,文体负载着社会的文化精神和作家、批评家的个体的人格内涵。"①

我认为,文体包含由低到高三个层次,这就是体裁、语体和风格。体裁是文体的基础,它制约着作品的语言状态,语体则是作品实际的秩序和体式,即语言的长短、声韵的高低和排列的模式等,而风格则是作家创作个性和社会文化的体现。一定的体裁必须升华为语体和风格,作品才能获得艺术意味。

文体是一个非常丰富的概念,其三个层次的关系如下图:

体裁——("因情立体")

↓

语体——("循体成势")·1.体裁语体("循体而成势")
　　　　　　　　　　　·2.个人语体("随变以立功")

↓
↓

风格——("因内符外")

首先,人们根据表达不同感情的需要,在长期的历史过程中,形成了不同的文章体裁。六朝时期是文章体裁非常发达的时期,各种新的

---

① 童庆炳:《文体与文体的创造》,云南人民出版社 1994 年版,第 1 页。

文章体裁纷纷涌现出来。《文心雕龙》的文体部分提出了一百多种文章体裁，是当时文章体裁多样化的实际反映。这里要特别指出的是，体裁的体制由于是历史形成的，一般是较稳定的、变化比较小，但也不是不变。其次是语体。语体首先是一定的体裁所要求的。最早把体裁和语体联系起来考虑的是《周礼·春官》："太师教六诗：曰风、曰赋、曰比、曰兴、曰雅、曰颂。"后来的《诗大序》把六诗改为六义，这就是有名的"诗之六义"："一曰风，二曰赋，三曰比，四曰兴，五曰雅，六曰颂。"风、雅、颂是《诗经》中三种不同的体裁，赋、比、兴是什么？后人说法不一，我的看法是赋、比、兴是诗的表现方法，更具体说是由不同的修辞手段所形成的不同语体。朱熹《楚辞集注》中说："赋则直陈其事，比则取物为比，兴则托物兴词。"朱熹从语言角度的解释最简明：赋——直陈其事，相当于现在的叙述语体；比——取物为比，以彼物喻此物，是明喻语体；兴——托物起兴，"先言它物以引起所咏之词"，在它物与所咏之词之间有一个若隐若现的对应关系，实际上是一种隐喻或象征，因此可以说是隐喻或象征语体。语体、语势作为体裁与风格之间的中介概念，其自觉成熟期是魏晋南北朝时期，目前留下的资料主要是曹丕的《典论·论文》、陆机的《文赋》、钟嵘的《诗品》和刘勰的《文心雕龙》等。

　　语体就是语势，其中又分为"体裁语体"和"个人语体"。个人语体是语体中最为活跃、最为自由的因素，不同个性的作家，有不同的修养、喜好、趣味和艺术追求，就会有不同的语体。这种不同的语体可以说只要写文章的人都会有的。一个人的思想感情、作风气派、说话的口气、语调、所掌握的常用词语，等等，都要在他的文章的语体中流露出来,不流露是不可能的。刘勰《定势》篇所要定的就是"体裁语体"和"个人语体"。但这种语体还不是风格,似乎可以说是"准风格"。作家在自由创造的个人语体中,活跃着个人的内心生活,体现了作家的创造个性,它已逐渐趋近风格。但要等到语体完全成熟或发展到极致,这才是风格。换句话说,风格是某种语体发展到极致的产物,只有当语体发展到极致文学的艺术意味才能充分体现出来。

个人语体也可称为自由语体。自由语体是一个作家独一无二的创造,用刘勰的话说,它可以"随变而立功",它是文体创造中的核心问题。清代学者薛雪在《一瓢诗话》中说:

> 格有品格之格,体格之格。体格一定之章程,品格自由之高迈。品高虽被绿蓑青笠,如立万仞之峰,俯视一切;品低即拖绅缙笏,趋红走尘,适足以夸耀乡间而已。所以品格之格与体格之格,不可同日而语。①

这是非常有见地的话。按我的理解,他这里所说的体格的格,即按一定体裁所选择的一定的语体,即刘勰"势"的第一含义。但是,如果一个作家仅仅达到能按一定的体裁选择与之相匹配的语体的水平,而不能活用乃至创造独特的语体,那么这就如同旧时官吏上朝,拖着长绅带,插着朝笏,混迹人世间,最多也只能在乡邻故里中夸耀

---

① 薛雪:《一瓢诗话》,见《清诗话》下,上海古籍出版社1978年新版,第695页。

而已。品格的格是指作家在遵守了"体格一定之章程"的同时,凭着自己的灵性和审美情趣,获得某种独特的语感、语调,创造出一种独具一格、具有艺术魅力的自由语体。这种自由语体似乎是作家在不经意间随手写出,却具有一种出人意料的意味和韵调,具有极丰富的内涵,这就像一位虽是戴竹笠、披蓑衣者,立于万仞之巅,却能俯视一切。所以,品格高于体格,自由语体高于体裁语体。就像甲乙两个舞蹈家同跳一个舞,甲和乙操的是同一种舞蹈语言,他们的动作都合乎规范。甲虽然跳得很认真,也挑不出毛病,但她的舞姿给人一种费力感、僵硬感,没有魅力,不能引人入胜;乙则在动作符合规范的同时,跳得很自由,很活泼,他的一招一式,如同珠落玉盘,流传自如,变化神妙,一气灌注,诗情画意于舞姿中见出,令人惊叹不已。甲和乙都符合体裁的体格,乙高于甲的地方是乙具有独特的语感、语调、语势,即具有独特的格调,也就是刘勰"定势"篇中那种无定的"势"。跳舞如此,文学创作也是如此。

被刘勰看成"随变而立功"的个人语体,或刘勰所说的"才性异区,文体繁诡"①的那个"体",或他所说的"言势殊也"的"势",即第二含义的"势",是作家创作个性的充分表现,是整个文体中最活跃的因素,是最值得注意的问题。因为如此,刘勰专列《定势》篇加以讨论也就可以理解了。

---

① 刘勰:《文心雕龙·体性》。

三、语体之势运用的原则

对语体(包括体裁规定的语体和个人语体)的运用,即对势的掌握,刘勰提出了三条原则:

(1) 顺应自然原则。刘勰在本篇强调:"势者,乘利而为制也。如机发矢直,涧去湍回,自然之趣也。圆者规体,其势也自转;方者矩形,其势也自安;文章体势,如斯而已。"按"自然之趣"、"自然之势"去变化,如同弩机一发,箭就笔直射出去,溪流曲折,急流自然回旋。他批评当时文人"率好诡巧",不能顺应自然之势,结果成了"讹势",这种人为的造作,将使"文体遂弊"。"语体"运用中的"顺应自然原则"与刘勰的基本的文学观念是一脉相承的。刘勰在《文心雕龙·原道》篇中,认为文原于道,这个"道"就是"自然之道"。文学与自然之道具有同构对应关系。文学语势运用也要符合自然原则。

(2) 灵活运用原则。本篇中刘勰提出:"然渊乎文者,并总群势,奇正虽反,必兼解以俱通;刚柔虽殊,必随时而适用。"即相反相异的,都可以灵活运用,达到相反相成、相克相生,变化无穷,各尽其妙。文学的变化也是刘勰反复强调的,在《辨骚》篇中刘勰之所以高度评价屈原及其作品,就是从《诗经》以后,到屈原的辞赋是中国文学的一大变化。刘勰在《辨骚》篇中把屈原的创作归结为"酌奇而不失其贞(正),玩华而不坠其实",这里就包含了文体中的语势的变化。

(3) 多样统一原则。刘勰在本篇提出"虽复契会相参,节文互杂,譬五色之锦,各有本采为地矣。"就是说,一方面要"契会相参",一方面又要"以本采为地"。"契"是"符契",是两方面的契合,"会"是各方面的会合相通,实际上是指作家在写作中,各种语体可以参会起来运用,但又必须像织五色之锦,虽色彩斑斓,又还要有底色("以本采为地")做基础。对创作来说,就是使作品既要有基本语调,但又不可太单一,要众声繁会,仪态万千,花团锦簇,尽态极妍,可又要有"本色",即达到"精义曲隐,无伤其正言;微辞婉晦,不害其体要"①。

(2006年完稿)

---

① 刘勰:《文心雕龙·征圣》。

《文心雕龙》"感物吟志"说

提要：本文指出《文心雕龙·明诗》篇最有价值的部分有两点：一是对中国古代诗的古典意义作了总结，认为诗具有"承载"、"言志"和"把持"三重意义，客观揭示了古代诗歌定义是一个矛盾体；二是对诗歌的生成过程作了概括，提出了中国诗学的核心范畴"感物吟志"说。"感物吟志"说将诗歌创作中四要素，即客体的对象"物"——主体心理活动的"感"——内心形式化的"吟"——作为作品实体的"志"，联为一个整体，并且揭示了四要素之间的内在联系。"感物吟志"说主要不是"文源"论，是具有中国文化特色的诗歌生成论，与西方诗歌生成论不同。刘勰在"古典"与"新声"中徘徊。

刘勰《文心雕龙·明诗》篇，主要是辨明诗的古典意义，叙述中国诗歌发展的历史（从远古到齐宋时期），同时对中国古代四言诗与五言诗的发展过程以及不同的文体特点作了描述和评价。

从理论的角度看,《明诗》篇最有价值的部分有两点,一是对中国诗歌的古典意义作了总结,二是对诗歌的生成过程作了概括,提出了中国诗学的核心范畴"感物吟志"说。下面将这两点联系起来探讨,中心是阐明刘勰提出的"感物吟志"说。

一、中国"诗"的古典意义

《明诗》篇阐明了诗的古典意义。第一,作者引了《尚书·舜典》的话:"诗言志,歌永言。"第二,作者根据《诗纬·含神雾》的说法,"诗者,持也,持人情性"。对此,范文澜先生的注释值得重视:"郑玄《诗谱序正义》:《内则》说负子之礼云:'诗负之。'注云:'诗之言承也。'《春秋说题辞》云:'诗之为言志也',《诗纬·含神雾》云:'诗者,持也。'然则,诗有三训,承也,志也,持也。作者承君政之善恶,述己志而作诗,为诗所以持人之行,不使失对(坠),故一名而三训也。彦和训诗为持,用《含神雾》说。"①范文澜说得对,刘勰论诗的意义,并不限定在"诗者,持也"这一个意义上面,郑玄所说的"三训"都兼而用之。首先在本篇的"赞"中,刘勰认为诗应"神理共契,政序相参",就是讲诗既与自然之理相契合,也与政治相参配。这里的政治当然是君主的政治,所以刘勰的理念中有把诗作为君主政治的负载物看待的意思,诗是一种工具,它承载着君主政治的要求。这与刘勰在《原

---

① 范文澜:《文心雕龙注》上册,人民出版社,第68—69页。

道》《征圣》《宗经》等篇章所表达的理念是一致的。这样,在诗与政治的关系上规定了诗的意义的第一个层面。其次,作者又引《舜典》的"诗言志,歌永言",给诗的意义第二个规定,认为诗对个人而言,是抒写"志"的,《诗大序》说,"在心为志,发言为诗",志是什么?《说文》:"志,意也。"又:"意,志也。"这里,意、志互训,指被一定理性制约着的思想、情感、意趣和志向等,跟"弗学而能"的作为人的禀赋的感情是不同的。将这种思想、情感、意趣和志向转化为言语,这就是诗。这是刘勰在诗与个人的情志的关系上,给诗的意义规定了第二个层面,揭示诗是个人的情志的载体。第三,作者又以《古微书》引《诗纬·含神雾》的说法,认为"诗者,持也,持人情性"。《说文》:"持,握也。""诗者,持也"中"持"字可解释为"持守"、"把握"、"节制"、"约束"的意思。作者为什么把诗与"持"字联系起来呢?这是因为诗可以"持人情性",即持守、把握、节制人的情性而不使有失。换言之,就是用诗来"顺美匡恶",约束人的性情。清人刘熙载《艺概·诗概》:"诗之言持,莫先于内持其志,而外从风化从之。"这是作者从诗的吟诵阅读功能上给诗的意义的第三个规定。上述对诗的意义的三个规定,是从本体的层面和功能的层面对诗的给定,表面看是不同的,但其实质是相通的。诗言志,似乎人有什么"志",就可作什么诗,完全有个人的自由,其实不然。因为,诗,承也,诗人的"志"必须与君政所要求承载的内容相一致,这样的诗就可以用合乎君政规范的理性把握人的性情。宋代王安石把诗解为"寺人之言",并不是没有道理的。寺人是古代被阉割的人,是内廷小官,宗教典礼的主持人,他们的行为规范要受很大的限制。《说文》:"寺,廷也,有法度者也。"有学者考证,寺,本义为"持"。所以,王安石解诗为"寺人之言",其意思是诗是一种受法度控制的言语。应该看到,刘勰所述,既说明他的思想受孔门的诗教所囿,同时也客观地揭示和概括了中国古代的诗的古典意义,这是有一定价值的。也就是说,最早的诗是与礼一样的,都是王者统治权即神权的确证,王者的衰败,自然使诗和礼向民间转移,这在王者看来也就是诗与礼的消亡。孟子就曾说过:"王者之迹熄而诗亡,诗亡然后《春秋》作。"刘勰在《明诗》篇中,把远古中国的诗的本义揭示出来了,从学术的角度看是有价值的。它说明中国的古典的诗是中国古典文化的产物,中国古代的文化理想是君主的绝对统治和个人的有限言说自由的对立统一。既然是君主的绝对统治,那就要对人的思想实行控制;既然个人的言说自由是有限的,那么它就不应破坏社会的平稳发展。所以,"乐而不淫,哀而不伤","怨而不怒","发乎情止乎礼义","思无邪","温柔敦厚","主文而谲谏"等说法,最能反映中国古代儒家的文化精神。这种文化精神在诗学上的体现,就把诗定义为承也、志也、持也。诗首先是政治,必须承载统治者的礼教;其次,诗是个人意愿、志向、感情的表达;其三,诗的社会作用是持人性情,顺美匡恶。这三者是一个整体。这是最全面的古典的诗的定义(仅仅说"诗言志"是不全面的)。应该看到,这样的一种对诗的定义,其意识形态性是非常鲜明的,是为奴隶社会和封建时代的政治统治服务的。鲁迅在《摩罗诗力说》一文中说:"中国之诗,舜云'言志',而后贤立说,乃云'持人性情',三百之旨,无邪所蔽。夫既言志矣,何持之云?强以无邪,即非人志。许自由于鞭策羁縻之下,殆此事乎?"鲁迅还接着指出这是"无形之囹圄",使作者"不能抒两间之真美"。鲁迅在这里揭露了中国古典诗的定义的矛盾性,是一针见血之论,就是说,这种诗论,一方面是给予,给予言志的自由,可另一方面是收回,即通过"承"与"持"的要求而把言说的自由收回。不但收回,而且还要按他们的意识形态标准去"顺美匡恶"。刘勰虽然没有超越历史,但他走进历史,具体地揭示出诗的古典意义的多层次性,其价值就是把诗的古典意义的矛盾性不自觉地呈现在读者的面前。由此看来,我们不可把"诗言志"孤立起来理解,并给予过高的评价。中国古典文化的确是一种充满矛盾的文化,但这种矛盾又是被掩饰起来的,表面看一切都很圆通、统一。中国诗的古典定义,就是这样一个具有中国特色的文化的矛盾体。既然讲"诗言志",那么各人有各人的情与志,不是有什么情都可以抒,有什么志都可以发吗?但是他们规定诗又是"承",诗又是"持",这样的"诗言志"就变为皮鞭下的"自由",强制下的"意愿",礼教束缚下的感情抒发。这就是中国古典诗的定义的实质。

从这里,我们可以看到,中国的"诗言志"论与西方浪漫主义时期的"表现"论很是不同,"表现"一词的原意是你内心有一种隐秘的活动,会立刻在你的表情上自然流露出来。例如,人感到羞愧,于是就脸红,这就是"表现"。文学上的"表现"论,也是这种由内而外的情感的过程。19世纪初英国浪漫主义诗人渥兹渥斯、柯尔律治所说的"诗是人感情的自然流露",与"诗言志",相去甚远。所谓中国表现、西方再现的比较,也是无的放矢。中国的"诗言志"是与王者的事业相联系的,作者所抒发的感情,需受伦理的束缚,也可以说是一种伦理感情,所以这种感情能"持人情性"。西方的浪漫主义思潮,则恰好是要摆脱伦理的束缚,返回自然感情的天地。过去有学者把这两者相提并论,是一种误解。

刘勰揭示了诗的古典意义,并以它为线索描述了中国诗歌的发展史。统观《明诗》全篇,刘勰的整个思想始终在继承"古典"与肯定"新声"中摇摆。对于诗的古典意义,他一方面加以肯定甚至赞扬,可另一方面又觉得仅重复古典定义又不能解决诗歌的生成这类问题,所以他又要对诗的古典的意义在有所肯定的同时也有所补充和改造,这样他就用他的"感物吟志"的诗歌生成论来补充、修正和改造诗的古典意义,把诗与人的情感以及情感对物的感应相联系,提出了"感物吟志"说,这可以说这是诗论中的"新声",是很值得注意的。

二、诗歌生成四要素:"感"、"物"、"吟"、"志"

刘勰《明诗》篇说:"人禀七情,应物斯感;感物吟志,莫非自然。"这是对诗的生成过程的简明的理论概括。这里作者提出了"感物吟志"说,将诗歌创作中的四要素,即客体的对象"物"——主体心理活动的"感"——内心形式化的"吟"——作为作品实体的"志",联为一个整体,并且揭示了四要素之间的内在联系,是很有理论价值的。在这段话中,"感"、"物"、"吟"、"志"四个字及其关系特别重要,应加以阐释。

首先说"感"。"感"字在《文心雕龙》一书中多次出现。其中有:

"故其叙情怨,则郁伊而易感。"(《辨骚》)

"志感丝篁,气变金石。"(《乐府》)

"桓谭疾感于苦思,王充气竭于思虑。"(《神思》)

"是以诗人感物,联类不穷。"(《物色》)

"盖阳气萌而玄驹步,阴律凝而丹鸟羞,微虫犹或入感,四时之动物深也。"(《物色》)

"人禀七情,应物斯感;感物吟志,莫非自然。"(《明诗》)

"祈幽灵以取鉴,指九天以为正,感激以立诚,切至以敷辞,此其所同也。"(《祝盟》)

"诗总六义,风冠其首,斯乃化感之本源,志气之符契也。"(《风骨》)

"序乾四德,则句句相衔;龙虎类感,则字字相俪。"(《丽辞》)

这里10处用了"感"字,除第8处"感激"是"感动激奋"的意思、第9处"化感"是"教育感化"的意思、第10处"类感"是"以类相感"的意思外,前6处所用的"感",大体上是相似的,是指诗人创作心理活动的"感"。第5处,表面是说"微虫"、"入感",但我们读下文就可知道,作者的意思是,"微虫犹或入感",那么有美玉般"惠心"的人,就更能被周围的物色所感召了。所以刘勰在多数情况下,是在强调主体的微妙的心理活动的意义上来用"感"。诗人能"感",是因为先有"情","情"是先天的,《礼记·礼运》:"何为人情?喜、怒、哀、惧、爱、恶、欲,七者弗学而能。"这七种感情是天生的禀赋,是不需学习的。"人禀七情"才能"应物斯感","情"是"感"的前提条件,没有情是不能"感"的。那么"感"的真实涵义是什么呢?就是"感应"、"感发"、"感动"、"感兴"、"感悟",而后有感想、感情、回忆、联想、想象、幻想等。"感物"也就是"应物",是接触事物,"应物斯感",意思是接触到事物而引起主体思想感情上的相应的活动,产生感想、感情、回忆、想象、联想和幻想等。《全宋文·傅亮·应物赋序》云:"感物兴思",较清楚地说明了"感"的功能。所谓"兴思",即接触物色后心理的活跃状态。值得说明的是,刘勰所说的"感"作为一种心理活动,是中介环节,一边是先天的"情"以及对象"物",另一边是作为诗意生成的"志",中间就是"感"的环节,这是诗的生成的关键。还值得指出的是,刘勰这里所说的"感",与现在我们所说的"反映",是有很大不同的。"反映",确有复制、再现的意思。文学反映论是西方的"知识论"[①]在文学艺术理论上的反应与折射,换言之,在西方的思想家看来,文学艺术也是一种知识形式。黑格尔早就说过"反映"即再现、复制的意思。列宁的"反映"论,也说反映虽然不是"等同"被反映者,但"反映是对被反映者近似正确的复写"[②]。无论是忠实的"摹仿"、"再现",还是"近似正确的复写",其结果是偏重客观知识的获得。但中国古人所说的其中也包括刘勰所讲的"感",则并不是"再现"、"复制"、"复写"、"摹仿"的意思,而是由对象物所引起的一种微妙神秘诗意的心理活动。中国

---

① 从西方的文化角度来考察,西方人把文学艺术归结为"知识"的范畴,创作就是获取一种新的"知识",所以从古希腊开始,他们的思想家就把文学艺术界定为"摹仿",强调文学艺术作品的"复制性"、"再现性",诚如车尔尼雪夫斯基所说这种思想统治了西方一千多年,到了19世纪末20年代初,随着浪漫主义文学和其后的现代主义文学的开始流行,文学艺术才开始出现摆脱"知识"范畴的趋势。

② 列宁:《唯物主义与经验批判主义》,《列宁选集》第2卷,第330页。

古代并不像西方那样把文学艺术归结到"知识论"的范畴,而主要归结为"人生修养论"范畴,因此古代文论中虽有"再现"的思想,但并不突出,突出的是刘勰这里所说的"感"——感应、感发、感悟、感兴等。有的学者用陆机《文赋》的如下的话来解释"感","遵四时以叹逝,瞻万物而思纷。悲落叶于劲秋,喜柔条于芳春。心懔懔以怀霜,志眇眇以临云",也就是强调对象物的形状与内心的感情相对应,这是比较合理的。其实《文心雕龙·物色》篇提出的"阴阳惨舒"说也许更能说明中国古代的"感"的内涵:"春秋代序,阴阳惨舒,物色之动,心亦摇焉"、"情以物迁,辞以情发。一叶且或迎意,虫声有足引心。况清风与朗月同夜,白日与春林共朝哉。是以诗人感物,联类不穷。流连万象之际,沉吟视听之区。"这些说法更具体地说明了东方的"感应"与西方的"反映"是不同的,"感应"不是像反映那样忠实地复制外物,它不是镜映过程,而是在对象物的引发下的情感的对应、摇动、活跃、兴发过程,这是诗人接触到对象物之后一种比反映活动更为广阔、更为无限、更为微妙、更为神秘同时也更具有诗意的心理活动。例如,"阴"与"惨"相对应,"阳"与"舒"相对应,一片叶子发芽或凋落足以引起诗人的遐想,微小的虫声也足以引起诗人感情的波澜,这不是一种很有诗意的又很神秘的一种心理活动吗!中国诗学注重"兴"这个范畴就是与东方式的心理活动"感"有很大的关系。前文所引傅亮的"感物兴思"的说法,也可以理解为强调感物与"兴"的关系。在情、物与志中间有一个"感物"的中介环节。有了这个中介环节,诗人的审美心理被激活,出现了"联类不穷"的活跃状况。刘勰说:"感物吟志,莫非自然",就是说诗人的"情"受对象"物"的引发而产生的心理活动,生成了"志",这是诗的创作的自然的规律。

自刘勰在诗歌生成论上总结出"感"这种心理活动后,中国古代的诗论对"感"的解释和运用就越来越自觉。其中比较突出的有:

"气之动物,物之感人,故摇荡性情,行诸舞咏。"(钟嵘《诗品序》)

"感激时将晚,苍茫兴有神。"(杜甫《上韦左相十二韵》)

"凡所为文,多因感激。"(元稹《进诗状》)

"感物造端,发为人文。"(权德舆《权载之文集》卷三五)

"触先焉,感随焉,而是诗出焉。"(杨万里《答建康大军库监门徐达书》)

"天下无不根之萌,君子无不根之情,忧乐潜于中,而感触应于外。"(李梦阳《梅月先生诗集序》)

在这些论述中,"感"作为中国诗歌创作论的主体审美心理活动概念获得了发展与完善。"感"成为具有中国传统特色的诗学理论的重要组成部分。

其次,谈一谈刘勰所说的"物"。一般论者把"感物吟志"中的"物"理解为"外物",有的则把物看成是绝对理念。这恐怕不太符合刘勰的原意。我的体会是,刘勰所说的"物"是诗人的对象物,当然它最初的瞬间是"外物",但旋即转为诗人眼中心中之物。1950年代美学大辩论中,朱光潜先生提出了"物甲"与"物乙"的概念,所谓"物甲"是指事物的本然的存在,纯粹是"外物",这是不以人的意志为转移的事物的客观形态,"物甲"是科学家的对象,是科学的对象物,但它不是诗人的对象物。诗人的对象物是"物乙","物乙"就是诗人眼中心中之事物,是外物与人的主观条件结合的成果。① 刘勰在《诠赋》篇说"物以情观",十分清楚地说明了刘勰所讲的"物",是经过情感观照过的"物",是"物乙"。郑板桥有所谓"眼中之竹"、"胸中之竹"和"手中之竹"的说法。"物乙"是"胸中之竹",这是经过诗人的感情初步过滤了的"物",它已经不是事物的"物理境",而是事物的"心理场"。原因是诗人与"物"所建立的是审美关系,在审美关系中,物已不是本然的存在,而是感情世界中的存在。我们解读"感物吟志"中的"物"是"物乙",实际上是把"物"理解为作品的"题材",而不是一般意义上的"生活"。生活是外在于诗人的,而"题材"是内在于诗人的,外在的"物甲"只有内化为诗人情感世界中的"物乙"时,才能化为诗人的"情性",而诗的"志"不是直接从外在的"物甲"中来,而是从诗人的"情性"中来,"物乙"则已融化于"情性"中了。因此这个"物乙"不但有情

---

① 朱光潜:"'物的形象'是'物'在人的既定的主观条件(如意识形态、情趣等)的影响下反映于人的意识的结果,所以只能是一种知识形式。在这个反映的关系上,物是第一性的,物的形象是第二性的。但是这'物的形象'在形成之中就成为认识的对象,就其为对象来说,它可以叫做'物'(姑简称物乙)不同于原来产生形象的那个'物'(姑简称物甲),物甲是自然物,物乙是自然物的客观条件加上人的主观条件的影响而产生的,所以已经不是纯自然物,而是夹杂着人的主观成分的自然物,换句话说,已经是社会的物了。美感的对象不是自然物而是作为物的形象的社会的物。美学所研究的也只是这个社会的物的如何产生,具有什么性质和价值,发生什么作用;至于自然物(社会现象在未成为艺术形象时,也可以看作自然物)则是科学的对象。"(见《朱光潜全集》第5卷,安徽教育出版社1987年版,第43页)

感的附着,而且是个性化的,用刘勰的话来说是"随性适分"的,随着个性的不同而不同。你眼中、心中之"竹",跟我心中之"竹",虽然都作为同一对象物而存在,但所见到所想到的"竹"则可以是不一样的。陶渊明有诗句"采菊东篱下,悠然见南山",这里的"菊"、"东篱"、"南山",是物,但并非外在于诗人之"物甲",是他感情世界中的"物乙",而且这是陶渊明的个人世界中之"物乙",换言之,这里的"菊"、"东篱"、"南山"都属于陶渊明个人,而与他人无涉。

第三,"吟"的意思,就是"吟咏",即抑扬顿挫地吟诵。值得注意的是,《文心雕龙》中涉及"吟"字的,除"感物吟志"这句外,还有 10 处:

"元首载歌,既发吟咏之志;益稷陈谟,亦垂敷奏之风。"(《原道》)

"吟诵者衔其山川,童蒙者拾其香草。"(《辨骚》)

"吟咏之间,吐纳珠玉之声。"(《神思》)

"盖风雅之兴,志思蓄愤,而吟咏性情,以讽其上。"(《情采》)

"吟咏所发,志惟深远。"(《物色》)

"是以怊怅述情,必始乎风;沉吟铺辞,必先于骨。"(《风骨》)

"仲宣登楼云:'钟仪幽而楚奏,庄舄显而越吟'"(《丽辞》)

"流连万象之际,沉吟视听之区。"(《物色》)

"匹夫庶妇,讴吟土风,诗官采言,乐盲(胥)被律,去感丝篁,气变金石。"(《乐府》)

"讴吟坰野,金石云陛。"(《乐府》)

这10处中,有4处用了"吟咏",两处用了"沉吟",两处用了"讴吟",一处用了"吟诵",一处用了"越吟"。"沉吟",也是歌唱,但是沉思后的歌唱;"讴吟",也是歌唱,但有"赞美"之意;"越吟"意为庄舄在楚国做官却唱故乡越国之调。因此"沉吟""讴吟"可以理解为沉思后的具有美的意味的歌唱,它正好用来注释"吟咏"。"吟"有"诵读"的意思,但又有不同,"诵读"是照着念,而"吟"则是边"作"边诵,其中含有声音文字上的艺术加工的意思,即通过"吟"使声音发生抑扬顿挫的变化,使文字更加妥帖精当。《庄子·德充符》:"依树而吟",依靠着树而作诗。既然是作诗,就包含声音和文字形式的安排在内。所以刘勰"感物吟志"中的"吟"是指通过声音和文字的变化对"志"进行艺术处理,不是明志,不是道志,是"吟志",对"志"不能直露地喊出,要加以声音的起伏抑扬等艺术处理,"吟"这个过程实际上是把非审美的情志转化为审美的情志。可见"吟"的过程已有形式感的因素在内。即在变为"手中之竹"前,对"竹"已有一种艺术形式的加工考虑在里面。"吟"包含有形式感的考虑,在唐代诗人那里,特别是晚唐的"苦吟"派那里,就表现得更突出了。如贾岛"两句三年得,一吟双泪流。"孟郊"夜学晓未休,苦吟鬼神愁。"李贺"巨鼻宜山褐,庞眉入苦吟。"朱庆余"崭来戎马地,不敢苦吟诗","十夜郡斋宿,苦吟身未闲。"这些"吟"、"苦吟"都含有对诗的形式、特别是文字声律的"推敲"的意思。

第四,所谓"志",在刘勰的"感物吟志"说中,"志"大致上是指"情志",即"在心为志,发言为诗"的那种"志"。刘勰《文心雕龙》一书中,"志"字出现了38次,在不同的语境中有不同的涵义,这里没有必要一一罗列。但与"感物吟志"相关的"志气"、"志足"、"志深"、"志隐",

可以视作在"感物吟志"说中刘勰对"志"的审美要求,是值得注意的。

关于"志气"。《神思》篇:"神居胸臆,志气统其关键。"这是说在艺术想象和构思中,精神主宰着内心,而"志"和"气"则掌管着"关键"。刘勰把"志气"连在一起,并非随意。"气"就是曹丕在《典论·论文》中所说的"文以气为主"中的"气","气之清浊有体,不可力强而致"。就是说"气"是个人先天的东西,不是后天可以随便改变的,因此作品中的"清"气或"浊"气也是自然赋予的。什么是"气"?"气"与"志"有什么关系?这是首先要弄清楚的。自阴阳五行之说盛行之后,一般人总在形而上的层次去探讨"气"的问题,这当然是有一定道理的。但是"气"也可以是一个形而下的概念。"气"即是通常所说的"血气"。《左传》昭公十年齐国晏子说:"凡有血气,皆有争心。"《论语·季氏》:"君子有三戒,少之时,血气未定,戒之在色……"《中庸》:"凡有血气者莫不争亲。"《礼记》:"凡有血气之类,弗身践也。"《乐记》:"夫民有血气心知之性。"这些地方所说都是指动物或人的血气。实际上,文学上凡提"气"之处,并不像有的人所说的那样玄,而是皆从人的生理视角提出的。有的学者把"气"界说为"生理的生命力",在创作中则是"灌注于作品的生命力"①,这是比较合理的解释。刘勰很重视曹丕的意见,曾引用过他的话。但对曹丕的论点又不太满意,觉得不能过分强调先天的生理的力,要把先天的东西与后天的东西联系起来。这样他就把"志气"联系起来用。意思是说,对于文学创作,"感物吟志"的"志"是文学的实体,但这"志"与作为先天的生理

---

① 见徐复观《中国文学论集》,台湾学生书店,第303页、45页。

的生命力的"气"有密切的关系,甚至可以说"志"有待于"气",而"气"是"志"的基础和前提。这一点不是我们随意的"误读",刘勰在《体性》篇说:"若夫八体屡迁,功以学成。才力居中,肇自血气。气以实(动词,充实)志,志以定言。吐纳英华,莫非性情。"就是说,人的才能开始于人的血气,不但如此,人的"志",包括诗人的"志"也有待"气"去充实。这就不难看出,刘勰的"志气"这个概念给"感物吟志"中的"志"增加了人的"生命力"的内容,诗人之"志"含有个体生命力(血气)的灌注,即诗的"志"以诗人的生理的"气"为必要的出发点和支撑点。值得指出的是,曹丕说"气之清浊有体",把人的"气"分成"清"与"浊",这种说法容易引起误解,以为"清"气是好的,"浊"气是不好的,实际上,气无所谓好与不好。刘勰把曹丕的"清浊"之分,改为刚柔之分("气有刚柔",见《体性》篇),就弥补了曹丕用词上的缺憾。刘勰为什么赞美《古诗十九首》"直而不野,婉转附物,怊怅切情",称许"张衡怨诗,清典可味",肯定建安诗人"慷慨以任气,磊落以使才,造怀指事,不求纤密之巧,驱辞逐貌,唯取昭晰之能"?为什么批评当时的一些诗人"俪采百句字之偶,争价一句之奇"的倾向呢?主要的原因就在于前者所抒发之志是有"血气"之志,后者所抒发之志则是缺乏"血气"之志。"气以实志"是很重要的。

关于"志足"。《议对》篇说:"对策所选,实属通才,志足文远,不其鲜欤。"又,《征圣》篇说:"然则志足而言文,情信而辞巧,乃含章之玉牒,秉文之金科矣。"这两篇虽然不是说诗,但"志足文远"和"志足言文"的意思,仍然可以用来说明诗之"志"的特征。"足",充足,充实,用现今的话说是有力度。所以"志足"关系到"志"的强力度,它要求的是诗的"志"充实饱满。只有"志"充实饱满,文辞才能巧丽致远。所以"志"是不是"足",关系到诗的辞采与意味深远问题,也是很重要的。

关于"志深"。《时序》篇:"观其时文,雅好慷慨,良由世积乱离,风衰俗怨,并志深而笔长,故梗概而多气也。"这里是对"建安风骨"的著名概括。其中提出"志深而笔长",意思是说诗人情志深沉,其笔墨才能有悠远的含义。诗人的"志"如何才能"深",重要的是对生活要有刻骨铭心的体验。建安时期,社会正处多事之秋,所谓"世积乱离,风衰俗怨",诗人在这环境中,往往遭遇不平,体验深沉而强烈,这样从笔下流露出来的情志被自己的体验自觉不自觉地浸润改造过,从而表现出不同寻常的悠远之志。

关于"志隐"。《体性》篇:"子云沉寂,故志隐而味深。"这是说扬雄个性深沉,所以其作品意味含蓄、隐晦而不直露。这就从个性的角度给"志"注入了新的内容。有什么样的个性,就会有什么样的"志"。

以上"志气"、"志足"、"志深"和"志隐"四点,分别把"志"与生命力、强力、体验力和个性力相联系,从不同的角度对诗的"志"提出了审美要求。这可以理解为刘勰对"感物吟志"的"志"所作出的新的规定,揭示了诗歌创作更深层的艺术规律,对后代的诗学的影响也是重大的。

刘勰是从"情"开始他的诗歌生成论的,认为"人禀七情,应物斯感"。七情,是先天的,自然的;"志"是后天的,个人的,同时也是社会的,但总的说是经过审美情感过滤的,或者可以说"志"已经是审美的"志"。作为先天的"情","应物"而动,而形成志,或者说先天的"情"

经过"感""应"的心理与"物"接通,变为后天的社会的"志"。这样,诗作为人的情志活动就形成了这样的链条:"禀情"——"感物"——"吟志"。用我们今天的话来说,就是诗人以先天的情感,去接触对象物,产生内心的兴发与感应,终于联类不穷,浮想联翩,产生了诗的情感。刘勰的诗学思想突出了心理感应这个环节,丝毫也没有机械的复制的观念,这是难能可贵的,当然这是得益于中国传统文化的熏染。我一直认为,中国传统的诗论、文论有浓厚的审美心理学的因素,尽管这些"审美心理学"只是一种因素,一种萌芽状态的东西,还远远没有达到科学的认识,但正是在这里反映出中国传统诗学、文论与西方传统诗学、文论的分野。

刘勰的"感物吟志"说的要点是:第一,诗源于诗人的情感与对象物的感触,没有情感就没有诗,没有对象物就没有诗,没有这两者的联系也没有诗。情与物是产生诗的必要条件。第二,诗的情感的产生的关键是"感应","感应"作为心理中介,使自然的情感和对象物发生建立起诗意的联系,感应是诗的情感产生的关键环节。第三,诗的情感作为审美情感需要经过艺术处理,"吟"是艺术处理的必经途径,也可以说是诗歌生成的第二中介。第四,诗歌的本体是"志",一种经过"感"与"吟"两度心理活动后产生的情感。

"感物吟志"说不是刘勰全新的创造。它的基本思想来源于《礼记·乐记》:"凡音之起,由人心生也。人心之动,物使之然也。感于物而动,故形于声。"但刘勰把这一思想概括为完整的"感物吟志"说,使它成为中国古代诗学的一个重要的概念,功不可没。而且"感物吟志"说在一定程度上摆脱了诗者"承"也、"持"也的理论束缚,突出了先天的"情"与对象物以及"感"的心理中介,使诗的生成的规律得到比较合理的解释。"感物吟志"说无论对后代诗歌的创作还是对其后诗论的发展都产生了很大的影响。

三、余论

不少论者认为刘勰的"感物吟志"论,比"诗言志"论前进了一大步,这是不错的。但是,他们又都把"感物吟志"论归结为"文源"论,强调刘勰的唯物主义,认为他把诗的源泉定位在"外物",而"外物"也就是"社会生活",这样刘勰的"感物吟志"说就与"社会生活是文学艺术的唯一源泉"的提法"接轨"。这种看法是把现代的唯物主义的文学源泉论"强加"给刘勰。实际上刘勰的主要贡献不在寻找到"诗源",不在强调诗的源泉是外在的客观存在的社会生活;刘勰的重要贡献在他以"感物吟志"这样的简明的语言概括了中国诗歌生成论,把诗歌生成看成密切相关的多环节的完整系统。主体的"情",客体的"物",通过"感"这种心理的第一中介,和"吟"这个艺术加工的第二中介,最后生成作为诗歌本体的"志"。主体的"情"与客体的"物"是诗歌产生的条件,"感"与"吟"作为不同的中介则是诗歌产生的关键,而"志"则是条件和关键充分发挥的结晶。这样,刘勰的"感物吟志"说就成为一个整体,清晰地揭示了诗歌生成的普遍规律。

刘勰的思想常是矛盾的。他既十分注重对古代儒家"雅正"传统的继承,但对魏晋以来的"巧丽"的"新声"又抱肯定的态度,注意总结现实创作的经验教训。在诗歌问题上,他同样自觉不自觉地陷入这种矛盾中。他对古典诗歌的意义的总结,一诗三训,诗者,承也,志也,持也,似乎不敢越雷池一步,在古典的面前诚惶诚恐,顶礼膜拜;但问题一旦转到诗歌生成论,他就提出"感物吟志,莫非自然",把诗的"承"、"持"的意义又似乎放到一边,强调"情",强调"感",强调"自然",其论述勃勃有生气,他的思想转向魏晋"新声"经验这一面就凸现出来,并在一定程度上以后者修正前者。我感到,我们不但在研究刘勰的诗学思想时,而且在研究《文心雕龙》一系列篇章时,似乎都需要注意刘勰思想的矛盾状态。

(原载《文艺研究》1998年第5期)

刘勰论文学创作

《文心雕龙》"神与物游"说

《神思》篇是《文心雕龙》创作论首篇,与总论第一篇《原道》篇具有同样重要的地位。《神思》篇主要讲作家进入构思阶段创作主体心灵活动的艺术性变化,以及这种艺术变化的条件,用现在的语言说,是揭示了以艺术想象为中心的艺术构思活动,从物—情—言三者关系的角度,作了全面的论述,从而阐明了创作主体运思的规律。《神思》篇具有创作总论的性质。下面围绕着本篇提出的中心范畴"神与物游"讲几个问题:

(一)"神思"的思想来源

中国艺术精神与西方艺术精神的根本区别,在于如何处理主体与客体之间的关系。西方艺术精神强调的是主体与客体的对峙,主体是认知者、征服者,客体是被认知者、被征服者,因此在西方长期流行的艺术观念是模仿论,主体摹仿客体,摹仿得越像,越逼近客体,艺术也就越成功。中国的艺术精神则主张主体与客体的和谐,主体与客体的关系是相互深入、相互交融的关系。那么这种和谐的、交融的关系是怎样实现的呢？这里的一个关键是中国古人对哲学上的"神"的观念的确立与理解。

　　在先秦典籍中,"神"的概念已到处可见,其意义也不完全一致。但我们的先人没有把它理解为人格神、偶像神,则大体上是一致的。《说文》:"天神引伸出万物者也,从示,从申。"示,"天垂象见吉凶以示人",申,"电也"。《说文》又解释说,"申,神也。"由此看来,我们的古人把神看成是客观事物的特异的现象,是一种实在,不是像西方的上帝那种不可见的存在。特别是在儒家的哲学中,像西方那种人格神、偶像神更是不受重视的。进一步讲,在儒家的一些经典中,提出"神道",所谓"观天之神道而四时不忒",这就把"神"理解为万事万物的不易为人所直观的内在精奥规律。这是客观的神,这种客观的"神"虽不是人人可以认识到的,但确有一些人可以接近它,这样《系辞》就说:"极天地之颐者存乎卦,鼓天下之动者存乎辞,化而裁之存乎变,推而行之存乎通,神而明之存乎其人,默而成之,不言而信,存乎德行。"这句话的意思是,极尽天下事物的复杂的在于卦,鼓动天下事物变动的在于辞,变化而加以制裁的在于人之变,推行爻卦的在于通,神明地运用爻卦的在于人,静默地作成它的,不说而使民信从的在于德行。"辞"、"变"、"通"的主动权都在人,有此能力的人就是"神明","神明"是主体的人的能力,可见,"神"这个范畴就由客体转到主体。因此,又产生了"养神"的说法。再往后,神既是物,也是人,既是规律,也是对规律的认识,神在主体与客体的交接中、交汇中、和谐中。

"神"的概念在哲学上成熟,终于沉落到艺术领域中。

哲学的神转化为艺术的神,主要体现在四个方面,即作为艺术描写的"神似"(以神为主、神贵于形、以形传神、形神兼备等);作为艺术思维的"神思"(神会、神遇等);作为作品高境的"入神"(神韵、神采等);作为作家修养的"养神"。刘勰的"神思"说是哲学的"神"的概念转化出来的艺术精神之一。刘勰的"神思"说的建立,除了与传统思想的联系外,还跟魏晋玄学的发展有关。魏晋以来,玄学的兴起对"神"重新作了解释,如韩康伯的《系辞注》,在注《系辞上传》"阴阳不测之谓神"一句时说:"神也者,变化之极,妙万物而为言,不可以形诘者也。""神"用到作家的构思问题上,就是指作家艺术思维中的艺术性的变化。"思"是指心灵。"神思"也可以理解为文学创作中神奇的心灵活动。"神思"这个概念不是刘勰最早提出来的。《庄子·达生》写道:"用志不分,乃凝于神"。王充《论衡·卜筮》写道:"夫人用神思虑,……一身之神,在胸中为思虑。"孔融《荐祢衡表》写道:"思若有神。"曹植的《宝刀赋》写道:"规圆景以定环,摅神思而造像。"等等。根据学者们的考察,在艺术创作理论领域最早明确提出这个概念的是早于刘勰的著名画家和画论家宗炳(也有学者认为"神思"这一概念最早来源于东晋玄言诗人孙绰的《游天台山赋》里的"驰神运思"这四个字),宗炳是南朝刘宋时代人,对中国山水画从创作实践到理论阐发都有很大贡献。他在《画山水序》一文中写道:

> 峰岫尧嶷,云林森眇,圣贤映于绝代,万趣融和其神思。余复何为哉?畅神而已,孰有先焉?

他认为,山峰高远,林木参天,这里辉映古代圣贤的吟游山林的情境,万种趣味与神思融合在一起,我还有什么要说的呢?唯有在这里畅神而已,这是不分先后的吧?在这里宗炳提出了艺术家的"神思"要和山水的"万趣"融和为一。显然,宗炳的思想与刘勰的"神与物游"的观点是十分吻合的。而且,刘勰协助僧祐编过书,其中《弘明集》中收有宗炳的文章,所以刘勰肯定对宗炳较熟悉,读过《画山水序》,他从这里获得了"神思"这个词,作为他论创作的重要概念,这是一点也不奇怪的。当然这不是一个词语的借用问题,宗炳的《画山水序》中心思想是借山水以"畅神","畅"画家之"神",这与刘勰的思想也十分合拍。《神思》篇应与宗炳的《画山水序》参照起来看。

此外,从直接思想来源上看,一般学者认为"神思"作为一种艺术想象理论,可以直接追溯到汉代司马相如谈的"赋家之心",认为它"包括宇宙,总览人物,斯乃得之于内,不可得而传"。另外就是陆机《文赋》中描写艺术想象的句子:"精骛八极,心游万仞","观古今于须臾,抚四海于一瞬"。可能刘勰的"神思"的论述更直接受司马相如和陆机的影响。

为什么中国古代把想象不叫想象,而叫神思,这与古代对"神"的理解有关。如前所述"神明"是人的一种能力,神思就是运用神明的能力。"神明"的能力变化多端,流动不居,神秘莫测。以"神思"指称"想象"就是要彰明想象的变化无尽和超越现实时空的特点。

(二)"神与物游"作为艺术想象的基本特征

刘勰从形与心的关系来界说艺术构思中的想象:"形在江海之

上,心存魏阙之下。"这话是从《庄子·让王》篇套用过来的,原话是"心在草莽,而心怀好爵",意思是有些人虽然表面归隐,可实际上还想当官。刘勰将这话作了改造,用比喻的方法来说明想象的实质,意思是说,所谓想象,也就是形在此而心在彼之意。我们坐在书桌旁,心却可以上天下地,南来北往,你可以在你的心中到任何时间和任何空间,不受你的"形"的限制。这种说法可以说与现代心理学对想象的理解是很接近的。

"神思"作为艺术构思中的一个主要心理机制——艺术想象的美学特征是什么?刘勰说:

> 文之思也,其神远矣。故寂然凝虑,思接千载;悄焉动容,视通万里;吟咏之间,吐纳珠玉之声;眉睫之前,卷舒风云之色,其思理之致乎?故思理为妙,神与物游。

这就是说,艺术想象是无限的,身在斗室,却可返回千年,漫游宇宙,具有超越时空和千变万化的特点。千年的历史,万里之外的事物,珠圆玉润的声音,风云卷舒的颜色,在想象的一瞬间,就可在眼前呈现。这种超越性是对想象的本质的规定。但这层意思在陆机的《文赋》中已指出:

> 其始也,皆收视反听,耽思旁讯,精骛八极,心游万仞。其致也,情瞳昽而弥鲜,物昭晰而互进。……浮天渊以安流,濯下泉而潜浸。……观古今于须臾,抚四海于一瞬。

这就是说，在构思和想象开始之际，视觉和听觉都停止活动，深深思索，又旁求博采，精神似乎飞驰到极远的八方，遨游到万仞的高空。到构思和想象成熟之时，其情思由朦胧而清晰，各种物象纷纷涌来。想象有时似乎安稳地漂流到天河，有时又似乎潜入地泉里去浸泡。超越时空，变幻莫测，成为想象的特征。刘勰显然是从陆机所论列的地方开始向前推进。他与陆机等前人不同的地方，是指出了"神思"成熟之际，出现的是"思理为妙，神与物游"。"神与物游"与"神用象通"进一步揭示了艺术想象的特征。"神与物游"的表述中，"神"是主体的精神活动，"物"是指对象物，而"游"则是指两者的关系。所以"神与物游"从主体与客体相互作用的角度说明想象的实质，乃是作家的精神与对象物的自由的交融、交流，达到你中有我，我中有你的地步。精神与对象物互相打通，主体与客体互相深入。刘勰还说，"登山则情满于山，观海则意溢于海，我才之多少，将与风云而并驱矣"，意思是说，想到登山，情思就充满在山峦，想到观海，心意就翻腾在大海。这就更深入地从移情的视角来说明想象中"我"与"物"的自由的交汇。

总结起来，"神与物游"有四层意思：

第一层"游"是流动、变化，但同时也是"游戏"，自由的游戏。用庄子的话说是"逍遥游"。"游"的中心观念是精神的自由。但这自由是不是随意胡来的？不是。所以刘勰的"神与物游"第二层意思是，"游"受"物"的牵引，"物"一旦成为"心中之物"，就有"物"的性格与运动的轨迹，这样"神"就必须这样或那样依照"物"的规定去"游"。"神与物游"的第三层意思是这种"游"是双向的互动的，"神"深入"物"，

"物"也深入"神",两者互相引动。刘勰不是有"情往似赠,兴来如答"(《物色》)的说法吗?这是对"神与物游"的最好的注释。在这里作家把对象拟人化了,作家面对有生命的对象,不能不向对象倾注情感,"情往似赠",就是把主体之情倾注于客体,可以说这是对象主体化;"兴来如答",这是讲对象与主体进行感情的交流,使主体的感情倾注得到了回报,这可以说是主体对象化,这是在这感情的"赠"与"答"中,达到了物我同一的境界,这是艺术想象的最高境界。第四层,"神与物游"的结果是"独照之匠,窥意象而运斤",这里的"意象"已不是前面所说的眼中物象,而是"心象","心象"已脱离开物象的实在性,是作家通过想象虚构出来的可视可感的形象了。如果说物象还是"眼中之竹"的话,那么"心象"就是"心中之竹"了。因此也就带有作家的个性的特征,具有独特性,"独照之匠"就是针对这点说的。刘勰提出"神与物游"的说法后更进一步申说其实现的关键所在:

神居胸臆,而志气统其关键;物沿耳目,而辞令管其枢机。枢机方通,则物无隐貌;关键将塞,则神有遁心。

这就是说,"神与物游"能不能实现呢?即"通"还是"塞"呢?这里的关键是"志气统其关键"和"辞令管其枢机"。"志气"即作家的情感和生命力,"志",思想情感,一般是后天形成的。"气",即曹丕《典论·论文》中所说的"文以气为主"的"气",指人的生命的力。刘勰将气之"清浊"改为"刚柔",具体指出生命力有刚与柔两种类型。"志气统其关键"就是指作家思想感情和个人的血气对艺术想象的制约问题。

艺术想象必然有作家的思想情感和个人生命力的投入，思想情感和生命力一方面是艺术想象的动力，一方面又对想象的性质、内容、走向、路线、范围起支配作用。就是说，艺术想象也有一个节制问题，过分放纵，就会变成胡思乱想。刘勰也看到了这一点。所以他提出以思想情感和生命力去"统"的问题，"统"就是控制，用什么来控制呢？用"志"和"气"，可以说前者是思想感情的控制，后者则基本上是艺术生命力的控制。如果思想感情和生命力对艺术想象控制得好，那么"神与物游"就"通"，否则就"塞"。这样刘勰就找到了文思通塞的第一个内在的原因，即主体的创作心理的原因。不仅如此，刘勰又找到了文思通塞的第二个原因，这就是"辞令管其枢机"。这里的"辞令"还不是指写出来的文字，而是指作家艺术想象中如何确切地运用语言去与形象匹配的问题。在刘勰看来，想象或者说"神思"，并不是物象单纯地在脑子中出现和变化翻腾的问题，物象的出现总是配合着一定的语言的。这是有道理的。因为艺术想象也是一种思维，即艺术思维，既然是思维，那么就必然要运用语言，甚至我们必须在进入语言的情况下才进入对物象的把握。思维与语言是同一的。例如，深秋时节，我们到北京香山游览，我们看到了山坡上那美丽的红叶。如果现在我是一个诗人，想写几句关于香山红叶的诗，也就是进入艺术想象，那么就必须用一定的语言。如陈毅有两句诗"香山红叶好，霜重色愈浓"，就是他想象时伴随出现的语言。能不能寻找到适当的语言，也是想象"通塞"的"枢机"。这样，刘勰就从创作心理（"志气"）和创作语言（"辞令"）的双重的视角来揭示"神与物游"的"通塞"的原因，深刻揭示了艺术想象的规律。

(三)"神与物游"开展的条件

这个问题也是《神思》篇中刘勰所关注的问题之一。刘勰认为,"神与物游"作为想象活动的基本条件是:

第一,需要"虚静"的精神状态。刘勰说:"是以陶钧文思,贵在虚静,疏瀹五藏,澡雪精神。"就是说在神思活动开展之际要疏导五藏,净化精神,不为外物所干扰。这里所说的"虚静"和达到此种"虚静"的"疏瀹"、"澡雪",是人的行为和心境,实际上是作家作为文学精神主体的人格修养,有此种修养,才能实现美的观照。儒、道两家都讲虚静,但刘勰在这里主要是继承道家的传统,老子认为要得道就要"致虚极,守静笃",要"涤除玄览"。庄子进一步发挥虚静的思想,他把这种虚静精神用来说明一些技艺活动,如他讲疱丁解牛、梓庆削木为鐻、偻者承蜩、津人渡舟,这样"虚静说"就转化为艺术创作上的条件论。宗炳的"澄怀运味"实际上就是虚静境界,他的思想可能对刘勰产生更大影响。

那么,怎样才能达到虚静状态呢?刘勰提出了"养术"的主张,即所谓"秉心养气,无务劳虑,含章司契,不必劳情"。"养术"就是"养气"。"养气"要长期修炼,不求一时之功。不必一时劳苦拼命,所谓功到自然成,慢工出细活。对个人来说修养是一个漫长的过程,可能是一世之功。这一点与西方的审美注意论——距离说大不相同,距离说的基本思想是审美过程中的临时的精神自我调整,恰好就是求一时之功。这正好是中国文化精神与西方文化不同之处,中国凡事讲渐进,西方则凡事讲突进。

第二,知识学问、经验阅历的积累,是"神与物游"的又一条件。所谓"积学以储宝,酌理以富才,研阅以穷照,驯致以绎辞"。艺术想象不是空想,所以要有学识修养、要有理性的准备,要有阅历,要有情致和语言上的训练。知识、理论和词语慢慢积淀为"神与物游"的活跃。用西方的现代心理学看,这是关系到主体的审美"心理图式"的问题,要求主体的"神"有丰富的积累,"所见出于所知","所想也出于所知",没有预成的心理图式,"神与物游"也"游"不出新的东西。人类的想象,其中也包括艺术想象,无论如何超越时空的束缚,永远是现有的知识积累的延伸、生发、联想,完全凭空的想象是没有的。刘勰在提倡"虚静"和"养术"的同时,没有否定知识经验的重要,这一点是很有见地的。这一点刘勰与老庄的"无视无听"、"弃圣"、"绝智"是不同的。刘勰认为以上两点是"驭文之首术,谋篇之大端",是必要条件,离开这两个条件,"神与物游"也是不能成功的。

(四)"神与物游"中两种带有规律性的现象

刘勰在阐述了"神与物游"的内涵、通塞的原因和必要的条件后,又研究了"神与物游"的两种有趣的现象。一个是"言不尽意"的现象,一个是构思的迟速现象。

关于言不尽意。艺术想象过程伴随着语言,艺术想象的结果也要靠语言来传达。刘勰说:"方其搦翰,气倍辞前,暨乎篇成,半折心始。何则?意翻空而易奇,言征实而难巧也。"魏晋南北朝时期,玄学兴起,"言意之辩"是玄学讨论的一大问题,看来刘勰是赞成"言不尽意"的。他认为艺术想象中的世界,凌空翻飞,千奇百怪,语言作为

"征实"之物,是很难为巧的。艺术想象中的东西不能完全传达出来,怎么办?刘勰在本篇除提出"秉心养术"的笼统的解决办法外,还具体指出对"思表纤旨,文外曲致"的追求,刘勰认为作者要锻炼自己,达到"至精"和"至变"的境界。特别是提出了"杼轴献功"的论点,作者以麻与布作比喻来说明,若能编织得好,那么可以达到"拙辞或孕于巧义,庸事或萌于新意"。对这段话,研究者有不同理解。在《隐秀》篇中又提出了克服"言不尽意"的语言策略。这就要追寻"文外之重旨",所谓"义主文外,秘响旁通"。这里或许有深刻的思想,需要进一步研究。

关于作家构思或迟或速的问题。刘勰说"人之禀才,迟速异分",有人写得慢,有人写得快,"骏发之士,心总术要,敏在虑前,应机立断;覃思之人,情饶歧路,鉴在疑后,研虑方定。机敏故造次而成功,虑疑故愈久而致绩。"就是说,慢有慢的才能,快有快的才能。这并不是什么问题。但无论通过快或慢而获得成功的作家,都有一个共同点,那就是"并资博炼",即博学和勤炼是共同的。才疏学浅是注定不能成功的。刘勰接着又提出了"临篇"时的"二患"问题:"理郁者苦贫,辞溺者伤乱。"刘勰提出解决这"二患"的办法是"博见"和"贯一":"博见为馈贫之粮,贯一为拯乱之药。"

刘勰的"神与物游"说,深刻揭示了文学创作中艺术想象的规律,这些论点至今也没有过时,这说明刘勰对文学创作论的确有很深的研究。也许刘勰的"神与物游"说还隐含更深刻的内容,等待人们继续去发现。

(原载《龙岩师专学报》1999 年第 1 期)

《文心雕龙》"风清骨峻"说

提要：由于刘勰提出的"风骨"说的重要意义引起学界探讨的热情。本文在评说十种不同解说的基础上,力图按刘勰《风骨》篇原有的逻辑思路,提出新的解说,以接近刘勰的原旨。刘勰的《风骨》篇是从内质美的角度,对"情"与"辞"作出了规定。文章有"情"、"辞"两大元素。"风清"是对"情"的内质美的规定。"骨峻"是对"辞"的内质美的规定。"气"作为生理的力是生成"风骨"的力量。"风骨"与"采"对举,则"风骨"是内质美,"采"的修饰是外形美。"风骨"作为刘勰所追求的艺术至境呼唤内质美与外形美的统一。

刘勰《文心雕龙·风骨》篇中"风骨"的概念,从文学批评理论的角度看,为刘勰首创。这一概念既总结了汉魏以来文学的发展的经验,特别是"建安风骨"创作的艺术经验,同时又直接启发了初唐陈子昂所呼唤的"汉魏风骨",对后来刚健、爽朗、生动的"盛唐之音"产生了极大的影响。自此以后"风骨"成为中国文论的重要范畴。"风骨"问题的重要意义,使后来的学者对《文心雕龙·风骨》篇中"风骨"的内涵提出了许多不同的见解,众说蜂起,莫衷一是,迄今学术界尚未形成一致的意见。本文旨在清理众说的基础上,吸收众说之长,从一个新的视角来解说"风骨",力图接近刘勰"风骨"论的原旨。

一、关于"风骨"内涵的十种不同解说

学术界对刘勰《文心雕龙·风骨》有许多不同的解说,归纳起来大概有十几种说法,但影响较大的有以下十种:

第一种,"风意骨辞"说。认为"风"是指文意的特点,"骨"是指文辞的特点。持此说者甚多。如黄侃《文心雕龙札记》:风骨"二者皆假于物以为喻。文之有意,所以宣达思理,纲维全篇譬之于物,则犹风也。文之有辞,所以摅写中怀,显明条贯,譬之于物,则犹骨也。必知风即文意,骨即文辞……"。又,范文澜《文心雕龙注》也说"风即文意,骨即文辞,黄先生论之详矣"。这是比较有权威性的一说。此说的拥护者甚多,但反对的人也很多。有些论者死死抓住黄侃"风即文意,骨即文辞"这八个字不放,不顾黄侃先生的解说全文,认为黄先生把"风"和"文意"等同起来,把"骨"和"文辞"等同起来,是犯了"常识性"错误。实际上,把黄侃的解说简单归结为那八个字,是不够客观的。黄侃的解说中还有"风缘情显,辞缘骨立","结言之端直者,即文骨也","意气之骏爽者,即文风也","辞精则文骨成,情显则文风生"

等等①,结合这些解说我们可以看到黄侃并没有把"风"与"文意"、"骨"与"文辞"简单地等同起来。黄侃所认为的"风"属于"文意"方面的问题,"骨"属于"文辞"方面的问题的看法,是从原作出发所得出的结论,肯定是有合理的方面的。

第二种,"情志事义"说。认为"'风'是情志,'骨'是'事义',两者都是文学内容的范畴",更具体地说,"'风'是作家发自深心的、集中充沛的、合乎儒家道德规范的情感和意志在文章中的表现","骨"指"事义","就是表现文章主题思想的一切材料观点逻辑的内容。"②这种解说,在"风"的解释上并无多少新意,但把"骨"解释为"事义"就显得很新鲜。这种说法源于较早的刘永济先生的《文心雕龙校释》一书。刘先生和此说论者的主要根据是《文心雕龙·附会》篇的一段话:

夫才量学文,宜正体制。必以情志为神明,事义为骨鲠,辞采为肌肤,宫商为声气。

他们认为这段话是对于文章体制最完整、最全面的比喻,这里明明说"事义为骨鲠",所以《风骨》篇的"骨"是指"事义"是确定无疑的。此说论者振振有词,认为自己找到了"确证",是推不翻的。但是问题在于主要不从《风骨》篇内找正面的证明,转而从别的篇找旁证,这样做

---

① 黄侃:《文心雕龙札记》,中华书局1962年版,第99、100页。
② 廖仲安、刘国盈:《释"风骨"》,原载《文学评论》1962年第1期,收入《文心雕龙研究论文选》下,齐鲁书社1988年版,第611—612页。

是不是得当是值得商榷的。

第三种,"风格"说。认为"风骨"是一种特殊的"风格"。此说也出现得比较早。据罗常培记录的《汉魏六朝专家文研究》,刘师培在《论文章有生死之别》的讲题中说:"刚者以风格劲气为上,柔以隐秀为胜。凡偏于刚而无劲气风格,偏于柔而不能隐秀者皆死也。"刘师培的意思是,"风骨"与"隐秀"是两种对立的风格,一偏于刚,一偏于柔。罗根泽说:"盖风格虽非字句,而所以表现风格的仍是字句,所以欲求风格之好,须赖'捶字坚而难移,结响凝而不滞'。风骨是文字以内的风格,至文字而外或者说是溢于文字的风格,刘勰特别提倡隐秀。"①持"风格"说的还有马茂元、吴调公和詹锳。② 近期还有这样的说法:《体性》篇是风格的通论,《风骨》篇是风格的专论。或者认为"风骨"只是对《体性》篇的个别句子的进一步发挥。如王运熙说:"风是指文章中思想感情表现得鲜明爽朗,骨是指作品的语言质朴而劲健有力,风骨合起来,是指作品具有明朗刚健的艺术风格。"③又刘禹昌说:"继《体性》篇归纳为八种艺术风格之后,又提出这种在他心目中认为最理想的标准艺术风格,……大致相当于后世批评家所说的'阳刚之美'的艺术风格。"④这意思是说,在《体性》八体之外,还有

---

① 罗根泽:《中国文学批评史》,中华书局1958年版,第234页。
② 马茂元的《说风骨》,见《文汇报》1961年7月12日。吴调公的《刘勰的风格》,见《光明日报》1961年8月13日。詹锳的《文心雕龙的风格学》,人民文学出版社1982年版。
③ 王运熙:《从〈文心雕龙·风骨〉谈到建安风骨》,原载《文史》第九期,收入《〈文心雕龙〉研究论文选》下,第641页。
④ 刘禹昌:《文心雕龙选译·风骨》,《长春》,1963年第1期。

"壮美"这一种风格。这一解说,的确是一种新解,有相当的道理,也很有意义。但也有值得怀疑的地方,统观刘勰全书的结构,刘勰讲"风骨"似乎不是要补充《体性》论的不足。如果脱离开《风骨》篇原文来评价上述观点,未尝没有道理,但《体性》篇已把有关风格的各方面的问题讲得很全面,连风格的"八体"也作了区分,刘勰似没有必要用另一篇来补充它。《风骨》篇是独立的一篇,有其独特性,而且不但"壮美"、"阳刚"的风格要求有"风骨","优美"、"阴柔"的风格也要求有"风骨","风骨"似乎是对诗文的一种普遍的要求。

第四种,"刚柔之气"说。认为"风骨"就是"气"。此说最早见于清代,黄叔琳在《风骨》篇论"气"的一段加夹批曰:"气即风骨之本。"纪昀似不完全同意黄氏批语,同在一处另加批曰:"气即风骨,更无本末;此评未是。"近人徐复观同意并发挥了"气即风骨"这一解说,他说:"所谓风骨,乃是气在文章中两种不同的作用;及由两种不同的作用所形成的文章中两种不同的艺术形相,亦即是所谓文体。"又说:"《风骨》篇之所谓风骨,依然是指作者的两者的生理的生命力——气,灌注于作品之上,所形成的两种不同的形相。所以就两种不同的生理的生命力而言,便可以说'气即风骨'。就文章两种不同的形相而言,也可以说'气是风骨之本',所以我说纪昀两句评语皆可成立。"① 徐复观的说法似有误,他引的两句评语,不是纪昀一人的评语,是黄氏和纪氏两人的评语。但徐复观要表达的意思是,人的气有

---

① 徐复观:《中国文学中的"气"的问题——《〈文心雕龙·风骨篇〉疏补》,见《中国文学论集》,学生书局,第 304、310 页。

刚与柔不同的分别,刚气灌注于作品之中,其表现就是"骨",柔气灌注于作品中,其表现就是"风"。的确,"气"是《风骨》篇中一个重要的概念,从"气"这个角度切入来疏解"风骨",可以说别开生面,使我们对"风骨"问题的理解深化了一步,特别是"气是风骨之本"的说法,我以为是切中肯綮的。这一点我在下面还要谈到。但是,"气即风骨"的提法,在气与风骨之间划了一个等号,似乎是不能成立的,如果这二者相等的话,刘勰已有《养气》篇,集中论述了气的问题,《风骨》篇岂不是重复了吗?徐氏或许会说,这是层次的不同,那么人们就要问我们究竟在哪个层次上把风骨和气相提并论呢?

第五种,"情感思想"说。认为"风"是情的因素,"骨"是理的因素,"风骨"是情感思想的表现。提出此说的是宗白华教授。他说:"我认为'骨'是和词有关系的。但词是有概念内容的。词清楚了,它所表现的现实形象或对于形象的思想也清楚了。'结言端直',就是一句话要明白正确,不是歪曲,不是诡辩。这种正确的表达就产生了文骨。但光有骨还不够,还必须从逻辑性走到艺术性,才能感动人,所以'骨'之外还有'风'。'风'可以动人,'风'是从情感中来的。中国古典文学理论既重视思想——表现为'骨',又重视情感——表现为'风'。一篇有骨有风的文章就是好文章。这同歌唱艺术中讲究'咬字行腔'一样。咬字是骨,即结言端直,行腔是风,即意气骏爽,动人情感。"[①]宗白华对"风骨"的解说,也很有新意。他从情与理的视角来说明风骨的不同及其联系,确能自圆其说。对风的解释更符合

---

① 宗白华:《美学散步》,上海人民出版社1982年版,第47—48页。

刘勰的原意,也更具有启发性。但对"骨"的解释,宗白华把"结言端直"("一句话要明白正确")直接与"逻辑性"相联系,也似乎有些勉强。

第六种,"感染力"说。认为"风"是作品的"感染力",马茂元说:"风能动物,犹文章之能感动人心。从这个意义上来说,风便是文学作品的感染力。"风骨的特征"在于明朗、健康、遒劲而有力"①。持此说者不止此一人。这种说法就作品"风骨"所引起的艺术功效来说是有道理的。但致命的弱点是离开刘勰《风骨》篇的论述,对"风骨"本身缺少详尽的说明,只是从"风"的字义上着眼进行解释,是很不够的。

第七种,"精神风貌美"说。认为"风骨"是"精神风貌美",张少康说:"我们认为,把风骨理解为文学作品中的精神风貌美,风侧重于指作家主观的感情、气质特征在作品中的体现,骨侧重于指作品客观内容所表现的一种思想力量,而不同的思想家、文学家所说的风骨又随着他本人的思想而有所差别,这是比较符合刘勰全书的原意的,也和当时各个艺术领域中所论的风骨可以协调一致,同时也能比较妥善地解释《风骨》篇的原文。"②此说从《文心雕龙》全书立论,是有根有据的,而且认为"风骨"是刘勰追求的一种美,也很有学术眼光。只是"精神风貌美"的提法似比较笼统,还可进一步斟酌。

第八种,"内容形式"说。认为"风"是内容、"骨"是形式。

---

① 马茂元:《说风骨》,《文汇报》1962年7月12日。
② 张少康:《文心雕龙新探》,齐鲁书社1987年版,第131页。

第九种,"形式内容"说。认为"风"是形式,"骨"是内容。

以上两说最缺少说服力,其论者只是从现代的文学理论的内容与形式的概念出发,不顾刘勰的原意,一味"以今套古",不像其他说法那样持之有故,言之成理。本可不举出这两说,但为了说明目前对刘勰的《风骨》篇解释的混乱,还是举出,以备读者参考。

第十种,认为要从"刘勰的理论体系的相互关系"中来看"风骨"处在理论体系中什么地位,弄清楚一系列概念的内涵和关系,从整体来把握局部,这样才能使对"风骨"的解说接近刘勰著作的实际。这个看法当然是很好的,但由于不同的学者对《文心雕龙》的理论体系的看法有差异,甚至有很大的差异,结果对"风骨"的解说还是"各说各话",难于达成一致意见。如寇效信和牟世金两位先生,都认为应该从刘勰的理论体系切入来理解风骨,但由于二人对刘勰的理论体系看法不同,所得出的结论还不能完全一致。前者认为"'风'是作家骏爽的志气在文章中的表现,是文章的感染力的根源,比拟于物,犹如风;'骨'是文章语言端直有力,骨鲠遒劲,比拟于物,犹如骨。"后者则认为"风、骨、采的关系相当于志、言、文的关系","'风'是对情志的要求,'骨'是对'言辞'的要求,'采'是对'言辞'的要求。"①

除了以上"十说"外,还有其他种种说法,恕我不再一一罗列了。

为什么对刘勰的"风骨"论的解说会出现这么多的分歧意见呢?除了人们已经指出的"风骨"是一个抽象的比喻,可以作出多种解释

---

① 参见寇效信《论风骨》和牟世金《从刘勰的理论体系看风骨论》,此二文均收入《〈文心雕龙〉研究论文选》下。

外,我认为更重要的是解说者的方法各不相同所造成的。我感到目前在解说"风骨"论上,起码存在着以下五种方法的分歧:

第一,解说刘勰《文心雕龙·风骨》论是主要以本篇为立论的根据呢,还是主要从《风骨》篇以外的篇章寻找旁证,并以旁证代替"主证"。我认为这是一个很大的问题。例如把"骨"解说为"事义"的论者,就主要不是从本篇找到的证据,而是从《附会》篇的"事义为骨鲠"这一句话得出的结论。应该看到,《文心雕龙》全书用到"文骨"、"骨鲠"、"风骨"、"骨髓"等词语共有 32 处之多,差不多每一处都有特殊的语境,语境不同,词义也随之发生变化,这是大家都知道的。如果我们不是从《风骨》篇特定的语境出发来解说"风骨",而是主要靠别的篇章寻找旁证,这是很"危险"的。如果我们根据《附会》篇"事义为骨鲠",就把《风骨》篇的"骨"解说为"事义"的话,那么我们是不是也可以根据《体性》篇的"辞为肤根,志实骨髓",而把《风骨》篇的"骨"解说为"志"呢?还有,我们可不可以根据《宗经》篇的话,"经也者,恒久之至道,不刊之鸿教也。故象天地、效鬼神、参物序、制人纪,洞性灵之奥区,极文章之骨髓者也",而把《风骨》篇的"骨"解说为"经"呢?我们可不可以根据《诔碑》篇的"观扬赐之碑,骨鲠训典",而把《风骨》篇的"骨"解说为"训典"呢?……如果我们只是根据旁证来立论,那么我们对一个特定的概念的解释就会从一种意义滑到另一种意义,这样我们就永远找不到对《风骨》篇的"风"和"骨"的确定的解释。我的看法是,旁证有时是可以用的,但一定要辨明语境,在语境相同或相似时,我们才能使用这种方法。对一个问题的解说,还是要以"主证"为主,"旁证"为辅,对《风骨》篇中的"风骨"的解说,必须以本篇所提供的根据作为解说的主要凭借。

第二,与第一点相关的另一个方法问题是,解说《风骨》篇的"风骨"概念,是仅抓住本篇的某一句或某几句作为解说的根据,还是要统观全篇的逻辑结构,贯通起来把握。从理论上说,当然是后一种方法更科学,但在实际解说中,有的论者就不知不觉只抓住其中的个别句子大做文章,而把本篇中别的论述放在一边。如有的论者抓"务盈守气"这一句,有的论者抓"诗总六义,风冠其首,斯乃化感之本源,志气之符契"这一句,有的论者则抓"结言端直"和"意气骏爽"这一句……这样,《风骨》篇的"风骨"的含义也就同样从一种滑向另一种。如何统观《风骨》全篇的逻辑结构,作出全面的而非片面的把握,仍然是一个有待解决的问题。

第三,把《风骨》篇看成是提出新的概念和范畴的独立的篇章,还是把《风骨》篇看成是《体性》篇的补充或进一步发挥,这也是一种方法的选择。的确,《体性》篇在前,《风骨》篇紧随其后,这里是不是有内在的关系,这是值得研究的。把"风骨"解说为一种风格的论者,就是认为《风骨》论不过是一种风格的专论而已。但这里也有不少可疑之点,如刘勰既然把"风骨"看成是一种风格,那为什么在篇中更多的是把"风"和"骨"分开来论述呢?难道作为风格的"风骨"是由两种东西拼凑起来的吗?刘勰其他篇都是一篇一题,为何单单风格问题是两篇一题呢?看来,把《风骨》篇看成是提出新的概念与范畴的独立篇章是更合理的。

第四,是从魏晋以来流行的人物评品来研究《风骨》,把刘勰的"风骨"论看成是从人物评品中"移植"过来的概念,还是着重寻找刘勰"风骨"论的"渊源",这也是研究方法上的一种选择。有的论者主张"移植"论,认为刘勰的文学"风骨"论只是人物评品中术语的借用,因此可以通过对人物评品问题的研究,来解说刘勰"风骨"的含义。有的论者则认为刘勰的文学"风骨"论是他的独创,与当时流行的人物评品关系不能说没有关系,但关系并不大,倒是应该从更远的渊源上来追索刘勰文学"风骨"论的成因,如从《毛诗序》的"诗之六义"来考察"风骨"的原始意义,并从这里展开对文学"风骨"论的解说。我个人认为两种都有其合理性,但后者的合理性大于前者的合理性。

第五,是从刘勰的文学理论体系来探讨"风骨"论,还是把《风骨》篇孤立起来研究。当然,大家都认为前者更可取,但刘勰的文学理论体系是怎样的呢?这就又有分歧,如前所说,对刘勰的文学理论体系的掌握也不是一件容易的事情。对刘勰文学理论体系的理解不同,对"风骨"的解说就会产生不同的解说。但是我认为对刘勰的文学理论体系的把握尽管困难,仍然是值得为之努力探求的。

由此我们不难看出,对刘勰文学"风骨"论的解说的分析,追根到底是由论者所选择的不同的方法所造成的。方法的正确选择才是解开刘勰的"风骨"之谜的根本。但困难还在于,并不是在两种方法中选择一种,而是要在上述五对方法的分歧中,进行综合的选择,而且所选择的几种方法,能够构成一个互相匹配的完整的系统。这也是本文希望达到的目标。

二、"风骨"是刘勰对文学作品内质美的规定

我们要了解刘勰的"风骨"是何含义,如前所说首先要从刘勰的《文心雕龙》的文学理论的整体理论体系出发。刘勰的文学理论一般认为可以分为总论、创作论、作品论、欣赏论、发展论等五论,"风骨"论属于作品论。作品论的内容很丰富,但就作品的构成而言,刘勰认为,文学作品的构成不外乎两大要素,这就是"情"与"辞"。刘勰在《文心雕龙》许多篇中都指出了这一点:

> 志足以言文,情信而辞巧,乃含章之玉牒,秉文之金科。(《征圣》)
> 情者文之经,辞者理之纬……此立文之本源也。(《情采》)
> 夫百节成体,共资荣卫,万趣会文,不离辞情。(《熔裁》)
> 若夫立文之道,唯字与义。(《指瑕》)

以上四条在论作品的构成上,语境极为相似,都是从宏观的视角、根本的规律上来谈文章的构成要素。《征圣》篇的一条是从孔子论一般人的修身要做到"情欲信,辞欲巧",转而谈到构造文章的金科玉律是两点:志足情信,言文辞巧。从这里也可见,刘勰认为作品的构成分为情与辞两个方面,是受到了孔子论人的修身的论点的启发而提出来的。《情采》这一条最为明确,作品作为实体由经线和纬线编织而成,而经线是"情",纬线是"辞",这是"立文之本源"。《熔裁》一条也

很重要，意思是说上百节的骨节构成人体，必须依靠血脉的贯通，万种意念构成文章，离不了辞与情两个要素。《指瑕》这条，也是讲构成文章的根本道理，刘勰认为字与义是构成文章的两要素，如果对文学作品而言，这里的"字"实际上是"辞"，这里的"义"实际上就是"情"。这四条可以证明刘勰确把"情"与"辞"作为构成作品的两大要素。在明确了这一点的前提下，刘勰才进一步对"情"与"辞"分别提出了内在的审美的品格的要求。换言之，"情"与"辞"是构成作品的必要条件，只要有"情"与"辞"，不论"情"是否真切，"辞"是否"巧丽"，作品就可以成立；但是对优秀的作品来说，仅有一般的"情"与"辞"的外部"包装"是远远不够的，必须对"情"与"辞"提出内质美的要求。《风骨》篇就担负了论述内质美的任务。

那么刘勰是根据什么来提作品的"情"与"辞"两方面的内质美要求的呢？刘勰是根据他对当时文坛的流弊的观察来探讨这个问题的。当时文坛的创作从"情"到"辞"都存在严重的问题，从"情"的方面看，他明确指出：

> 昔诗人什篇，为情而造文；辞人赋颂，为文而造情。何以明其然？盖风雅之兴，志思蓄愤，而吟咏情性，已讽其上，此为情而造文；诸子之徒，心非郁陶，苟驰夸饰，鬻声钓世，此为文而造情也。故为情者要约而写真，为文者淫丽而烦滥。而后之作者，采滥忽真，远弃风雅，近师辞赋，故体情之制日疏，逐文之篇愈盛。（《情采》）

在这里,刘勰把当时文坛创作出现的问题归结为"为文而造情",意思是说,近代的作家不学习风雅,专跟随赋颂,内心没有长期蕴积的感情,一味夸张、装饰,沽名钓誉,结果所创作的作品徒有辞藻而无真实的感情。这样,抒写真情的作品愈来愈少。另外,由于当时谈玄之风很盛,影响到文学创作就出现"理过其辞,淡乎寡味"、"平典似道德论"的情况①。为文而造情,理过其辞,导致感情虚假,必然就在辞语上下功夫,所以刘勰又指出当时文坛创作中在"辞"的方面所存在的问题:

> 去圣久远,文体解散,辞人爱奇,言贵浮诡,饰羽尚画,文绣鞶帨,离本弥甚,将遂讹滥。(《序志》)

这意思是说,当时离开古代的圣贤已很久了,文章的体制遭到破坏,现今的辞人爱好新奇,言辞浮靡诡异,在五彩的羽毛上还画上颜色,在不用刺绣的皮带上加刺绣,离开根本越来越远,这将造成乖谬和浮滥。这就是说,当时的文学创作在构成作品的实体的"情"与"辞"两个方面都出现了问题,造成了"情"假"辞"滥这种形式主义的局面,这是让刘勰感到担忧的。他的《文心雕龙》的一系列篇章,都针对此种情况,从不同的角度来规定文学创作中"情"与"辞"应达到的境界。

《风骨》篇从内质美的角度,对"情"与"辞"作出了规定。"风清"是对"情"的内质美的规定,"清",清新真切之意,"风清"就是要求情

---

① 钟嵘:《诗品序》。

感的表达应"清新真切",发自胸臆,有生命活力;"骨峻"是对"辞"的内质美的规定,"峻",峻拔遒劲,"骨峻"就是要求辞语的表达应"峻拔遒劲",出言有力,能给人以感染。刘勰强调,无论"情"还是"辞"都要有内在的品质,没有这种内在的品质,"情"和"辞"所构成的作品,就不会有思想的和艺术的力量。

《风骨》篇有几个关键的词:"情"、"辞"一对,"风"、"骨"一对,然后是(刚)"气"、(柔)"气"一对,最后是"风骨"和"文采"一对,如果我们能把这七个关键词的内涵和相互的关系通过疏解,按文章本来的面目,统观其逻辑结构,那么我们对《风骨》篇也就能基本把握住了。现在我们可以通过图示将其逻辑关系显示出来:

《风骨》篇结构层次图

第一层	必要条件	情	辞
第二层	内质之美	风	骨
第三层	生成原因	(柔)气	(刚)气
第四层	内外关系	风骨	文采

第一层作为文章的构成的两大因素的"情"与"辞",我们已经在上面论述过,此不赘。

第二层,"风"作为"情"的内质之美,"骨"作为"辞"的内质之美,刘勰从不同的角度与层次又作了较详细的说明,包括渊源、必要性、正面解说、功能、反证、例证等方面。我们就此也可以列一个表:

"风骨"含义图

	风	骨
渊源	诗总六义,风冠其首,斯乃化感之本源,志气之符契也。	(缺)
必要性	怊怅述情,必始乎风。情之含风,犹形之包气。	沉吟铺辞,莫先于骨。辞之待骨,如体之树骸。
论证	意气骏爽,则文风清焉。深乎风者,述情必显。	结言端直,则文骨成焉。练于骨者,析辞必精。
反证	思不环周,索莫乏气,则无风之验。	若瘠义肥辞,繁杂失统,则无骨之征。
例证	相如赋仙……风力遒也。	潘勖锡魏……骨髓峻也。

上表我们差不多把刘勰论述风与骨的话都列上了。我们可以看到,刘勰的"风骨"篇一开始从"情"－"风"、"辞"－"骨"这四个概念的关系谈起,说:"是以怊怅述情,必始乎风";"沉吟铺辞,莫先于骨。"意思是说抒发感情开始于风,而运用文辞首先要有骨。应该说,情感和文辞是作品中显于外的东西,从这个意义上说它们是"表",是外在的,或者说是呈现于外面的,一篇作品不论好坏、水平高低,都有情感和文辞,没有无情感的作品,也没有无文辞的作品,总之情感和文辞是对作品的必要的起码的外在要求;但是如果我们讨论的不是一般的作品,而是优秀的作品,仅有情感和文辞,仅有这外在的美就不够了。于是刘勰想到除了"表"之外,还要有"里",除了外在的美之外,还得有内在的美,即内质美。这样他对情感抒发的要求"风",风相对于情,是作品的情感表达的内在的品格。对文辞的运用就提出了

"骨",骨相对于文辞也是内在的品格。因此,我们可以说,"风骨",是文学作品的内质美。我们这样说,是有根据的。根据就是刘勰接着的话:"故辞之待骨,如体之树骸,情之含风,犹形之包气",正如黄侃所言"风骨"都是一种比喻,骨如同人体肌肉里面的骨骸,风如情感之形所包裹的"气",两者都是内在的东西,是内质美。

那么,作为内质美的"风骨"究竟是什么呢?这就要看刘勰把风与骨跟哪些关键词连在一起,要看刘勰的正面解说、反证和例证。

首先,我们来看"风"的正面解说,风"犹形之包气",风要"意气骏爽",这样就"文风清焉",而且"深乎风者,述情必显"。这就是说,风与"气"、"清"、"骏爽"、"显"等词联系在一起,用现代汉语说就是"风"的内涵包括有生气、清新、爽朗和动人。刘勰认为抒情要达到这些美学目标,才是成功的。然后,刘勰又进行了反证,说"思不环周,索莫乏气,则无风之验也。"这个反证很重要,补充了他的正面解说中可能引起人们误解的地方。例如正面论证中,刘勰把"风"与"显"字联系起来,这就给人一种印象,似乎"风"的特征是显豁、明朗,实际上这样理解是不够确切的。刘勰在反证中认为,无"风"的作品"思不环周",那么有"风"的作品就"思应怀周"。"思"即情思,"环周",充溢周流于文,意思是情思经过自己内心的"蓄愤"、"郁陶"、沉思、酝酿,已经诗意化深刻化,因此刘勰所说的"显",是沉思之后的喷发,不是一般的显豁。另外,无"风"的作品"索莫乏气",也就是它所抒发的感情干枯而缺少生气,形象也像木雕泥塑一般,没有生命体的生气灌注的特征,是无病呻吟,"为文而造情";那么有"风"的作品所抒发的感情所描绘的形象就应该相反,应该像活的生命体一样生气勃勃,有动人的力量。按刘勰所举的例子,司马相如的《大人赋》就是有风力的作品,据《史记·司马相如传》说:"相如既奏《大人》之赋,天子大悦,飘飘有凌云之志,似游天地之间意。"这一例证更说明我们把"风"解说为抒情的生气、清新、爽朗、动人,是正确的。问题是刘勰为什么要这样来界定"风"?他在《风骨》篇的第一句话就回答了这个问题:"《诗》总六义,风冠其首,斯乃化感之本源,志气之符契也。"这说明了刘勰的"风"的概念的渊源是《毛诗序》的"诗之六义"说。《毛诗序》:"风(读去声)也,风以动之,教以化之。"关键是这个"动"字,动,即生动,生气灌注,清新动人,英俊爽快,总之是活的,有生命的,不是死板的教条。也就是讲,诗有教化的功能,但教化功能的实现要靠诗的形象的生动,得有生命的魅力。

其次,我们来看看"骨","沉吟铺辞,莫先于骨","辞之待骨,如体之树骸",那么怎样才能达到"树骸"的要求呢?这就要"结言端直","析辞必精",这样"文骨成焉"。这就是说"骨"的关键词是"骸"、"端直"、"精"和"峻",用现代汉语来说,文骨的形成要求有力量、劲健、精约和峻拔。文辞的运用,一味卖弄辞藻是不好的,仅停留在流畅层面也是不够的,要靠力量、劲健、精约和峻拔来取胜,这样才能达到文辞运用的美学要求。除了上面的正面论证,刘勰又作了反证,说:"若瘠义肥辞,繁杂失统,则无骨之征也。""瘠义肥辞",是指文意贫弱,文辞繁缛,"失统",即头绪不清,总的意思是意贫辞繁,词语颠倒混乱,这是无骨之表征。那么反过来,有骨的作品就应该言简意赅,言辞有序,这样才能做到言辞挺拔、劲健、精约和峻拔。刘勰举东汉作家潘勖的《锡魏》一文为有"骨"的典范,是合理的。汉献帝封曹操为魏公,加九锡(九种特殊赏赐),册封之文为潘勖所作,据杨明照《文心雕龙校注拾遗》引殷洪《小说》,潘勖"为策命文……宪章唐虞,辞义温雅,于典诰同风。于时朝士,皆莫能措一字。"我认为刘勰并不是对此文的内容有兴趣,主要是因为此文在用辞上摹仿经典,既非剑拔弩张,而又精约遒劲。关于"骨"刘勰本应也要像论述"风"那样,寻找到一个"渊源",但不知因为什么《风骨》篇中没有这样做。这就给后来的解说者留下了遗憾。值得一提的是,有些论者在论述"骨"的问题时,完全无视刘勰本人在本篇的解释,硬要把"骨"解说为内容、事义等,让"骨"跟"辞"划清界线,这是很难使人理解的。实际上,把"骨"看成是"辞"的特性,不但尊重了刘勰的原意,而且对文学创作来说,"辞"的问题是很重大的问题,文学是语言的艺术,语言是文学的第一要素,没有作为语言的"辞",也就没有文学。我们必须进入语言才能进入生活,我们也必须进入语言才能进入文学。其实,我们的古人早就看到了"辞"的重要性,《易经》说:"鼓天下之动者存乎辞。"刘勰在《文心雕龙》首篇《原道》篇就引了这句重要的话,并补充说:"辞之所以能鼓天下者,乃道之文也。"就是说,我们谈"辞"是在谈"道之文",并没有与内容脱离,辞总是这样和那样地表现生活和情感内容的。

  总而言之,风骨是刘勰对作品内质美的规定。"风"是作品中"情"的内质美,其主要特征是有生气、清新、真切和动人。"骨"是作品中"辞"的内质美,其主要特征是有力量、劲健、精约和峻拔。"风"和"骨"都是人内在的真实生命所喷发出来的打动人的力量。一篇诗文如果达到了"文明以健,风清骨峻",像鸟展开双翅那样高高飞起,那么这篇诗文就获得了高品味的审美境界。刘勰对优秀作品作出此种规定,既总结了汉魏以来的成功的艺术经验,同时也针砭了文坛存在的"为文而造情"和"言贵浮诡"的时弊。这从理论上为文学的创作提出了一种普遍的规范。

刘勰的"风骨"论,作为对艺术的内质美的规定,可以与黑格尔要求的"意蕴美"作比较。黑格尔说:"遇到一件艺术作品,我们首先见到的是它直接呈现给我们的东西,然后再追究它的意蕴和内容。前一个因素——即外在因素——对于我们之所以有价值,并非它所直接呈现的;我们假定它里面还有一种内在的东西,即一种意蕴,一种灌注生气于外在形状的意蕴。那外在的形状的用处就在指引到这意蕴。因为一种可以指引到某一意蕴的现象并不只是代表它自己,不只是代表那外在的形状,而是代表另一种东西,就像符号那样,或者说得更清楚一点,就像寓言那样,其中所含的教训就是意蕴。文学也是如此,每一个字都指到一个意蕴,并不因它自身而有价值……艺术作品应该具有意蕴,也是如此。它不只是用了某些线条、曲线、面、齿纹,石头,浮雕,颜色,音调,文字乃至于其它媒介,就算尽了它的能事,而是要显现出一种内在的生气、情感、灵魂、风骨和精神,这就是我们所说的艺术作品的意蕴。"① 黑格尔的思想很清楚,他把艺术作品分成两层,一层是外在的媒介,如文字、线条、颜色、音调等,通过这外在的媒介层,指向内在的意蕴。黑格尔的外层相当于刘勰所说的文辞——骨,内层相当于刘勰所说的文意——风。也就是透过文辞指向文意。与黑格尔的"意蕴美"相比,刘勰不仅认为要透过文辞指

---

① 黑格尔:《美学》第一卷,商务印书馆1979年版,第24—26页。

向文意,而且对文辞和文意都有特殊的美学要求,刘勰不像黑格尔所认为的那样媒介除了指向意蕴自身就没有价值,而着重说明媒介(文辞)本身也是有价值的,文辞能达到一定的美学的要求,本身就是一种动人的力量,就能给人以美感,而不仅仅在于它能指向文意。同样,对意蕴,黑格尔没有进一步说明它的美学要求,而刘勰则对文意——风——也有特殊的美学规范。由此可见,从一定的意义上说,刘勰的风骨说比黑格尔的意蕴说更富于美学的品格。当然,黑格尔可能是受"绝对理念"的局限,认为只要能显现理念的就是好作品。他更重视最后的目的。刘勰则更重视过程,最后的目的也要,但过程也要动人。

三、"风骨"生成的原因

第三层次,刘勰把研究的视角转移到"风骨"这内质美的生成原因上面。这样作家作为一个主体的"气"的问题,就被突出地提出来了。而且在研究这个问题时,"风"与"骨"两个词,不再分开,而连为一体——"风骨",因为刘勰认为风与骨生成的原因都在作家的"气",完全可以把"风骨"结合起来谈了。刘勰《风骨》篇中继续说:"若丰藻克赡,风骨不飞,则振采失鲜,负声无力。是以缀虑成篇,务盈守气,刚健既实,辉光乃新。"这句话的意思是,如果作品只有丰富的辞藻而无风骨,那么就会显得疲软,振举不起鲜活的文采,也无力支撑起文字的声韵。所以构思布局,一定要充分地"守气"。内部的"气脉"强健而充满,于是光华外溢。这就是说,作家的气相对于"风骨"而言,又是更内在的东西。在"气"与"风骨"这个关系层面,"风骨"是"表",而"气"则是"里"了。这里的"气",是指作家的"气脉","气脉"是一个人赖以活着的根本,"气脉"尽了,人也就死了。此语可能出自《左传·昭公十一年》:"叔向曰:'单子其将死乎……无守气矣'"。意为单子无守身之气,一定要死了。可见,这里所说的要充分守住的"气脉",是人的生理的力量。文学创作从一定意义上说,跟人的生理的"气脉"是否旺盛有着密切关系。

最早从文学创作的角度来论"气"的是曹丕。这一点刘勰十分重视,其《风骨》篇引用前人最长的一段文字就是曹丕《典论·论文》中的话:

> 故魏文称文以气为主,起之清浊有体,不可力强而致。故其论孔融,则云体气高妙;论徐干,则云时有齐气;论刘桢,则云有逸气。

除了引曹丕的话外,还引公干论气之语,足见"气"的问题在本篇中的地位是很重要的。刘勰在论"风骨"时,之所以这样突出"气"的地位,这就与清代学者纪昀评《风骨》所说的"气为风骨之本"有关。对这一点徐复观在《中国文学中"气"的问题——〈文心雕龙·风骨篇〉疏补》一文论述最为深刻。徐先生也推重曹丕的"文以气为主"的论断,但他认为把气分为"清浊",不如刘勰把气分为"刚柔",因为"清浊"之分,可能使人会觉得清气是好的,而浊气是不好的;但气分刚柔就不会使人误解。"彦和以刚柔言气,比之曹丕以清浊言气,更能说明气的差别性,为后来古文家以阴阳刚柔论文之所本。"①上引徐复观的那段话:"《风骨》篇之所谓风骨,依然是作者的两种不同的生理地生命力——气,贯注于作品之上,所形成的两种不同的形相。"②如果我们不是把"气"与"风骨"等同起来,而是理解成"气"作为生命的力,是根本的,是"风骨"生成的原因,那么我们就会同意他的看法了。具体说来,作家的气有刚有柔,柔气从内心发动,表现于外在的形相,就是"文风"生成;作家的刚气从内心发动,表现于外在的形相,就是"文骨"生成;若是作家内心发动的气刚柔相济,那么表现于外在的形相,就是整个"风清骨峻"的高品味的境界生成了。当然,刘勰并不是把生理的气作为"风骨"生成的唯一原因,他经常提到的另一个概念是"情性","情性"应包括才、气、学、习四个因素,这在《体性》篇有明确的论述。"风骨"的生成原因当然也应包括才、气、学、习所构成的"情性","情性"发挥于内,"风骨"生成于外。

四、"风骨"与"采":内质美和外形美的统一

刘勰在论述中,先把"风"和"骨"分开来讲,但在后来又把"风骨"结合成一个概念,与"采"对举起来讲。他的意思是要把内质美与外形美统一起来。"风骨"是内质美,"采"的修饰是外形美。在这个问题上不少论者把"辞"与"采"这两个不同的概念混为一谈,或以为

---

①② 徐复观:《中国文学中的"气"的问题——〈文心雕龙·风骨篇〉疏补》,见《中国文学论集》,学生书局,第304页,第310页。

"采"只能修饰"辞",而与"情"无关,结果使论证陷入困境。实际上,情、辞是作品构成的基本要素,只要是作品,不论好坏,都要有情与辞。我们在上面已说明了这一点。情、辞都属于《情采》篇的"质"的方面,但如果要使作品文情并茂,就还需要"采"的修饰,所以"采"属于"文"的方面,文质彬彬,这样才能成为动人的作品。刘勰的"质"的概念与我们今天的解释为内容的概念不是对应的,"质"是指本色而言,情有情的本色,辞也有辞的本色。而"采"是要在本色上加上润饰。所以《情采》篇有"文附质"和"质待文"的论点。而且还说"夫铅黛所以饰容,而盼倩生于姿色,文采所以饰言,而辩丽本于情性。"意思是说,文采须以情性为内在的根据,但文采对情性的修饰也是必要的。虽然在本色和文采之间,刘勰更看重本色,甚至说"繁采寡情,味之必厌"。但他从未否定"采"的意义。那么对待与情、辞相对应的内质美的"风骨",还需要不需要"采"的装饰呢?刘勰在《风骨》篇后面的一段文字回答了这个问题:

夫翚翟备色,而翾翥百步,肌丰而力沉,鹰隼乏采,而翰飞戾天,骨劲而气猛也;文章才力,有似于此。若风骨乏采,则鸷集翰林,采乏风骨,则雉窜文囿,唯藻耀而高翔,固文笔之鸣凤也。(《风骨》)

在这里,刘勰用比喻的方法,把"风骨"与"文采"作为一对范畴提出来讨论。在他看来,如果仅有文采的优美而缺乏风骨,就像那五色的野鸡乱窜;但如果仅有风骨而缺乏文采,那不过是色调单一的猛禽高飞，也是很枯燥乏味。他的理想是要把风骨与"藻耀"结合起来，这才是文坛的凤凰。这就提出了内质美和外形美应兼顾的问题。这是一个层次。更深的一个层次是风骨与采之间的"圆"和"练"的问题。他说：

> 若风采未圆，风辞未练，而跨略旧规，驰骛新作，虽获巧意，危败亦多。（《风骨》）

这段话虽然还是强调遵守旧的规范的重要性，但可贵的是刘勰提出了风骨与"采"之间的"圆"与"练"的要求。"圆"，圆熟；练，练达。这就是说风骨和采之间的配合要达到"圆熟"和"练达"的地步，用现在的术语说，就是风骨还须文采的润饰，而且这种润饰要达到不露痕迹的境界，只有这样，才能做到"风清骨峻，篇体光华"、"才峰峻立，符采克炳"，内质美和外形美才得以统一。

（原载《文艺研究》1999年第6期）

《文心雕龙》"情经辞纬"说

  提要：刘勰《文心雕龙·情采》篇揭示了人的自然感情经过两度转换而变为作品的文学创作机制的过程："蓄愤"、"郁陶"——情感的一度转换，强调人的自然感情要经过蓄积、回旋和沉淀才能转变为诗情；"联辞结采"——情感的二度转换，论说情理的形式化，就是以优美的形式实现对情感的外化或物化。"情者文之经"，情采篇是强调诗"缘情"的审美化的成熟，在中国古代文论史上具有重要意义。

  刘勰的《文心雕龙·情采》篇的关键词是"情"与"采"两个字。长期以来，一般的论者研究《情采》篇也就在"情"与"采"的主从关系上做文章。如较有代表性的是黄侃的《文心雕龙札记》：

    舍人处齐梁之世，其时文体方趋于缛丽，以藻饰相高，文胜质衰,是以不得无救正之术。此篇旨归,即在挽尔日之颓风,令循其本,故其所讥独在采溢于情,而于浅露朴陋之文未遑多责,盖揉曲木者未有不过其直者也。

黄侃的意思是说,当时文坛文风不正,重视辞采而轻视情感的表达,结果是作品空有辞采而缺乏充实的情感内容。刘勰为了纠正这种"文胜质衰"的弊端,拼命讥讽"采溢于情"的作品,对于"浅露朴陋"之文倒是放过不管了。黄先生之论我认为是对的,但只看到了刘勰写此文的部分动机和针对性,对刘勰在《情采》篇所阐发的理论,则多有忽略。更多的论者则往往把"情"等同内容,"采"等同形式,于是借刘勰的论点大讲作品内容与形式的关系。如郭绍虞、王文生《文心雕龙再议》一文就比较具有代表性:"关于内容与形式,他意识到二者是互相依存、互相影响的……浮虚的水可以产生波纹,坚实的树木才能开放花朵,说明特定的内容决定特定的形式。"又如台湾罗立乾、李振兴《新译文心雕龙》关于"情采"篇"题解"有五点解释,其中第二点说:"既认为文采必须依附于情感,而情感也必须通过一定的文采才能表现出来,两者是相依相存的关系,并把这种关系概为'文附质'和'质待文'的命题,从而揭示了情感与文采的统一性;同时,又认为华丽的文采根源于作者的至性至情,并提出了'情者文之经,辞者理之纬'的命题,从而特别强调了情感是决定文采的根本因素。"①这些解释都是可以的,不能说错,但研究方法是平面式的,只是把"情"与"采"两

---

① 罗立乾、李振兴:《新译文心雕龙》,三民书局1994年版,第479页。

者并列起来比较,探求哪个更根本,谁决定谁,其解释只停留在静止的表面上。本文想换一种研究方法,把从"情"到"采"作为一种动态的过程来研究。即"情"的产生有一个过程,从"情"呼唤"采",并赋予"情"以"采"也是一个过程。从这种动态的过程的分析中,也许能发现一些新的东西。

《情采》篇首要的是"情"字,"情"字在《文心雕龙》中出现过一百多次。本篇共出现过14次,其中特别突出的有"情"的句子有:

> 三曰情文,五性是也;
>
> 五情发为辞章;
>
> 文质附乎性情;
>
> 辩丽本于情性;
>
> 情者文之经;
>
> 诗人什篇,为情而造文;
>
> 辞人赋颂,为文而造情;
>
> 志思蓄愤,吟咏情性;
>
> 为情者要约而写真;
>
> 体情之制日疏,逐文之篇愈盛;
>
> 繁采寡情,味之必厌。

"情"字在《文心雕龙·情采》篇中如此频繁地出现,并不是偶然的。也许可以说是真正的文学自觉的标志。从曹丕《典论·论文》"文以气为主"和"诗赋欲丽"的说法,到陆机《文赋》的"诗缘情而绮靡"的新见,再到刘勰《文心雕龙》的"情者文之经,辞者理之纬"的提出,可以说是中国诗论从道德教化的工具论,到抒发个人情感的审美论的转折过程。"情采"篇是强调诗"缘情"的审美论的成熟,在中国古代文论史上具有重大意义。

我认为,刘勰本篇的最大贡献是揭示了人的自然感情经过两度转换而变为作品的文学创作机制的过程。

一、"情者文之经"——文学审美论的成熟形态

刘勰针对当时文坛上出现的"文胜质衰"和"繁采寡情"的流弊,在本篇强调"为情而造文",强调"述志为本",反对"为文而造情",反对"苟驰夸饰,鬻声钓世",提出了"情者文之经"的审美论。这是本篇主旨所在。"情者文之经"这一判断,标志着中国诗学从诗乃"经夫妇,成孝敬,厚人伦,美教化,移风俗"的功能教化论到审美论的变化。但是"情"从何而来呢?这是必须首先明确的问题。刘勰认为诗情的最深的根源是人的"本色",归根结底是从人的自然性情中来的。刘勰说:"夫铅黛所以饰容,而盼倩生于淑姿,而辩丽本于情性。"意思是说,粉黛只可用来美化容貌,而顾盼生色来自美女自身的丰姿,辞藻可以润饰言辞,而言辞的美丽却来自人的本来的性情。换句话说,如果女子本身不够美丽的话,那么无论如何"顾盼"也是不会"生色"的。同样的道理,如果人的"情性"本身没有内涵,不够丰厚,不够活跃,不够真实,那么无论如何地能说会道,他的语言也不会有美丽的文采。刘勰认为作者的性情的"本色"是最为重要的,就像那江河的水在潺

潺的流动中,才会泛起美丽波纹;又像那树木的根只有结实地扎入土地,才会开放出美丽的花朵("夫水性虚而沦漪结,木体实而花萼振")。进一步,刘勰认为文学的"情"就来源于作为本色的自然性情。刘勰说:"研味孝老,则知文质附乎性情。"(研究体味《孝经》《老子》的话,就知道,文章的华美或质朴依附于各人的性情。)诗的情感既然萌生于诗人从自己生命和生活中体味到的真实感情,那么只有"择源于泾渭之流,按辔于邪正之路,亦可以驭文采矣。"(只有从源头上分清泾渭的清浊,在驾驶时分清正路和邪路,才可以驾驭文采)就是讲是性情驾驭文采,不是文采驾驭性情。文学情感光靠文采是不能装饰出来的。总之刘勰认为诗情源于人的本真的性情。创作要求真情,所谓"为情者要约而写真"。

但是,刘勰又充分认识到,不能把人的本真的性情等同于作品中的诗情。人的情感要经过转化,才能变为诗情。一般而言,人的自然的感情,只具有刺激人的性质,还不是可供人享受的诗的情感。例如一个少女失恋,可能是很"美"的,是可以歌唱的。但在她失恋的那一刻,她痛不欲生,哪里会想到她的这一段情感经历,日后可以写成诗歌或散文呢?自然感情本身还不是诗不是歌。即使是幸福的感情,当它还处于自然状态时,也不是文学。自然的感情要经过二度转换,才能变成"要约而写真"的诗情(艺术的感情),进一步才能变成感动人的可以供人享受的文学作品。

二、"蓄愤"、"郁陶"——情感的一度转换

刘勰在谈到是"为情而造文"还是"为文而造情"的问题时,特别提出了"志思蓄愤"和心应"郁陶"的观点。刘勰说:"盖风雅之兴,志思蓄愤,而吟咏情性,以讽其上,此为情而造文也。"与此相反的是,"诸子之徒,心非郁陶,苟驰夸饰,鬻声钓世,此为文而造情。"是"为情而造文",还是"为文而造情",这对文学创作来说,是一个根本的问题。因为"为情而造文",是有情感盘旋于心中,挥之不去,乃至不能自禁,不吐不快,那么在这种情况下"造文",必然能传达真实的深刻的动人的情感。"为文而造情",则是心中并没有涌动的情感,可又不得不"造情",不得不即席成咏,或者当众挥毫,那么写出来的至多是有韵的文字,而不是含有真情实感的作品。在这个根本问题上,刘勰提出了"蓄愤"和"郁陶"的说法,是十分值得重视的。"蓄愤"就是蓄积情感。"蓄"是一个过程,由少到多,由浅入深,由浑浊到澄净,由杂乱到富于美感。"郁陶"一词,从刘勰的行文中可以看出与"蓄愤"是互文见义的。从词用上看,《孟子·万章上》:"郁陶思君尔"。《释文》注:"郁陶,思之甚而气不得伸"。又宋玉《九辨》:"岂不郁陶而思君兮,君之门以九重"。王逸注:"郁陶,愤念蓄积盈胸臆"。"郁"可以解释为"郁积"、"郁闷"、"忧郁"等,"陶"读"yáo",按郑玄注释即"郁陶"。"郁"与"陶"可以互释。可见"郁陶"与"蓄愤"同义,都是指情感在心中郁积、郁结之意。总起来看,诗情一般不是即兴式的感情,而是要有一个蓄积、回旋和沉淀的过程。这样,自然的感情,才能转变

为诗情。刘勰强调"为情而造文"需要有情感的"蓄愤"、"郁陶",这一点十分重要。这是从自然情感到诗的情感的一度转换。另外,刘勰在正面讲情理的运动过程中又指出:"夫能设模以位理,拟地以置心,心定而后结音,理正而后摛藻",也意在强调诗人的情感不能自然发泄。所谓"设模",就是寻找模式,所谓"拟地",也就是拟定规范,使心中之情有一个回旋的空间。李贽在《杂说》中有一段很精彩的描述:

> 且夫世之真能文者,比其初皆非有意于为文也。其胸中有如许无状可怪之事,其喉间有如许欲吐而不敢吐之物,其口头又时时有许多欲语而莫可以告之处,蓄极积久,势不能遏。一旦见景生情,触目兴叹,夺他人之酒杯,浇自己之垒块①。

李贽的说法,关键在"蓄极积久,势不能遏"八个字。也就是有一种自然之感情在心中长时间盘旋,挥之不去,这样一旦见景生情,触目兴叹,那么这种经过内心反复回旋过的情,就是艺术的情感。用李贽的这段话来解释刘勰的"蓄愤"、"郁陶"是很恰当的。

刘勰的诗情需"蓄愤"、"郁陶"的思想总结了艺术创作的普遍规律。我们可以把刘勰的观点与英国诗人渥兹渥斯的"沉思"说、俄国作家列夫·托尔斯泰的"再度体验"说、美国艺术理论家苏珊·朗格的"非征兆性情感"说作点比较。

英国浪漫主义诗人渥兹渥斯在《抒情歌谣序言》中说:

---

① 李贽:《焚书》卷三。

> 我曾经说过,诗是强烈情感的自然流露,它起源于平静中回忆起来的情感,诗人沉思这种情感直到一种反应使平静逐渐消逝,就有一种与诗人所沉思的情感相似的情感逐渐发生,确实存在于诗人心中。①

人们似乎更注意渥兹渥斯的"诗是强烈情感的自然流露"这头一句,他后面的话常被忽视。实际上,他后面的话里提出的"沉思"说也许更重要。就是说,诗人最初产生的情感还不是诗的情感,要在平静中回忆起来的并且是经过沉思的情感,才是诗的情感。不难看出,渥兹渥斯的"沉思"说与刘勰的"蓄愤"、"郁陶"说十分相似,都是讲情感要经过心中的蓄积、沉思、回旋,最后才能变成一种具有新质的诗的情感。

列夫·托尔斯泰的"再度体验"说,与上述的"蓄积"、"郁陶"说、"沉思"说也十分相似。他说:

> 如果一个人在体验某种感情的时刻直接用自己的姿态或自己所发出的声音感染另一个人或另一些人,在自己想打呵欠时引得别人也打呵欠,在自己不禁为某一事情而笑或哭时引得别人也笑起来或哭起来,或者在自己受苦时使别人也感到痛苦,这还不能算是艺术。
>
> 艺术起源于一个人为了要把自己体验过的感情传达给别

---

① 《十九世纪英国诗人论诗》,人民文学出版社1984年版,第22页。

人,于是在自己心里重新唤起这种感情,并用某种外在的标志表达出来①

他举了一个例子,一个小男孩儿遇到狼的故事。在小男孩儿正遇到狼的那紧张的一刻,小男孩儿的恐惧的感情是自然的感情,不是艺术的感情。只有当危险已经过去,"如果男孩子叙述时再度体验到他所体验过的一切,以之感染了听众,使他们也体验到他所体验过的一切——这就是艺术。"②所谓"再度体验"即不是当下的反应,而是延后的回应。延后的回应,其中已经有有意识和无意识的深度加工,有自己全部生命体验的渗入。所以刘勰的"蓄愤"、"郁陶",渥兹渥斯的"沉思",都是列夫·托尔斯泰所说的"再度体验"。这种再度体验过的情感才具有可供人享受的美感性质。

当代美国著名美学家苏珊·朗格在批评"自我表现"理论的失误时认为:"发泄情感的规律是自身的规律不是艺术的规律","纯粹的自我表现不需要艺术形式","以私刑为乐事的黑手党徒绕着绞架狂吼乱叫;母亲面对重病的孩子不知所措;刚把情人从危难中营救出来的痴情者浑身颤抖,大汗淋漓或哭笑无常,这些人都在发泄着强烈的感情,然而并非音乐需要的东西,尤其不为音乐创作所需要。"她认为艺术所表现的情感不是"征兆性的情感",因此作家诗人艺术家"只有当他的脑子冷静地思考着引起这些情感的原因时,才算处于创作状

---

① ② 列夫·托尔斯泰:《艺术论》,人民文学出版社1958年版,第46页,第47页。

态中。"①很清楚,苏珊·朗格认为自然感情的发泄根本不是艺术的规律,这种发泄没有使艺术家进入创作状态中,所以艺术作为情感的表现,不是征兆性的,是要经过冷静的回忆的处理的,经过冷静回忆处理的情感才可能是净化过的情感符号。显然,苏珊·朗格的理论与刘勰所讲的"蓄愤"和"郁陶"的观点也有相似之处。

刘勰的"蓄愤"、"郁陶"说,渥兹渥斯的"沉思"说,托尔斯泰的"再度体验"说,苏珊·朗格的"非征兆"说,产生于不同国家、不同时代,有不同的学术背景,但因为这些理论都是在探讨文学艺术的普遍规律,所以我们作这样的比较是可行的,可以加深我们对刘勰的"蓄愤""郁陶"说的理解,使我们看到刘勰的确发现了某些具有普遍意义的文学艺术规律。

那么,经过"蓄愤"、"郁陶"的情感为什么是艺术的情感呢?在刘勰看来,这是一种理性化的情感。在"情采"篇中,除"情"字外,最重要的就是"理"字。刘勰说:"情者文之经,辞者理之纬,经正而后纬成,理定而后辞畅。"刘勰把情与理看成是"立文之本源"。他认为情要经过理的升华,达到情理并重、情志并重的状态,所以在提出"为情而造文"时,又提出"述志为本"、"设模以位理"。王元化先生说:"《情采》篇先生提出的'为情造文'、'述志为本'二语,就是企图用'情'来拓广'志'的领域,用'志'来充实'情'的内容,使'情'和'志'结合为一个整体。"②这个解释是很符合刘勰所讲的实际的,深得刘勰思想的

---

① 参见苏珊·朗格《情感与形式》,中国社会科学出版社1986年版,第9页。
② 王元化:《文心雕龙讲疏》,上海古籍出版社1992年版,第184页。

精髓。刘勰心目中的艺术情感就是情理相通相融的情感。即情中有理,理中有情,情理难于分离。在这里,我认为,刘勰又把握到了真理性的东西。因为,后来的许多研究都证明,艺术的情感用黑格尔的话来说就是一种"情致"、"合理的情绪"。里面有情感又有思想,情感与思想实现了合一。其实,清代文论家叶燮在《原诗》中也提出:"可言之理,人人能言之,又安在诗人之言之;可征之事,人人能述之,又安在诗人之述之!必有不可言之理,不可述之事,遇之于默会意象之表,而理与事无不灿然于前者。"这也是说艺术所传达的不是单纯的理,是一种说不清道不明的东西,实际上就是情感、理念、意象交织在一起的东西。别林斯基也说过:"艺术并不容纳抽象的哲学思想——不是三段论法,不是教条,不是格言,而是活的激情,是热情(按:也有翻成"情致")。""热情永远是人的心灵里为思想点燃起来的激情,并永远向思想追求。"[1]我认为,刘勰、叶燮、黑格尔、别林斯基所说的是同一种思想。文学的情感不是人的天生的欲望,是经过理性梳理过渗透过的那样一种情感。它是具体的、感性的、动人的,同时又有深刻的蕴含。刘勰在说了"情者文之经"之后,接着又说"辞者理之纬",这里实际上揭示了文学的四要素:情与理,文与辞。文学的情感是由这四者编织而成的。

---

[1] 《别林斯基论文学》,新文艺出版社1958年版,第53页。

三、"联辞结采"——情感的二度转换

刘勰用"情采"二字作篇名,就含有将情感转化为言辞、形式的意思。正是在这个意义上,刘勰在强调"文附质"的同时,又强调"质待文"。刘勰说:"虎豹无文,则鞟同犬羊;犀兕有皮,而色资丹漆;质待文也。"这说明连自然事物还要文采,文学作为人的创造需要文采,是很自然的了。刘勰又讲,老子说"美言不信",可他的文章"五千精妙,则非弃美矣。"他还引了庄子的话说:"辩雕万物",说这是"藻饰"。又引韩非的话:"艳乎辨说",说这是"绮丽","绮丽以艳说,藻饰以辨雕,文辞之变,于斯极矣。"这些话都是对"质待文"的解释。刘勰还在"述志为本"的条件下,要"联辞结采"。"联辞结采"是他提出的又一个重要命题。当然,他反对"采滥辞诡",因为这样情与理都会受到遮蔽。这里要注意的一点是,在刘勰那里,"辞"与"采"是有区别的,"辞"是任何作品都有的,好的不好的优秀的拙劣的作品都是有的,所以刘勰认为"情者文之经,辞者理之纬",经正纬成,是"立文之本源"。可"采"也很重要。刘勰在强调"情真"的条件下,还是要求"辞"应有"采",即应有"文采"的修饰。刘勰最后的结论是"言以文远"。这就是说,情感不但要形式化,而且要文采化,文采化也是重要的。自然景物况且有文采,人所创作的作品怎么能没有文采呢?在刘勰看来,"文采"的意义,不在装饰,而在"控引情理"(《章句》),使情理完全进入艺术的渠道。用现代的术语说,就是以优美的形式实现对情感的外化或物化。也正因此,刘勰在"情采"篇后面,用了"声律"、"章句"、

"丽辞"、"比兴"、"夸饰"、"练字"、"隐秀"等许多篇章具体来讲形式化的问题。情理的形式化是诗的情感的第二度转换。人的自然情感经过"蓄愤"、"郁陶"和"联辞结采"的两度转换，富有诗情画意的作品也就产生了。

（原载《江苏社会科学》1999年第6期）

刘勰论作品构成

《文心雕龙》"杂而不越"说

提要:《文心雕龙·附会》篇讨论文学创作的布局谋篇,提出了结构艺术的"杂而不越"说。前人对《附会》篇的研究同中有异,有的侧重首尾一贯,有的侧重命意修辞,有的侧重"百义一意"。王元化侧重"杂而不越"。本文是对王元化观点的推进。本文认为刘勰提出的"杂而不越"的美学内涵包含三点:把文学作品理解为生命的形式,整体优先,"依源循干"。本文在中西比较中揭示这些原则的现代意义。本文认为"杂而不越"是从中华文化的根干上面生长出来的,有深厚的文化内涵。

《附会》篇是《文心雕龙》第四十三篇,与《文心雕龙》第三十二篇《熔裁》、第四十四篇《总术》密切相关。《熔裁》篇讨论文学作品的剪裁问题,刘勰说:"规范本体谓之熔;剪裁浮词谓之裁"。《总术》篇则讨论文术的必要性和重要性,其中提出"乘一总万,举要治繁"的思想。《附会》篇讨论布局谋篇的结构艺术,当然也有规范本体和剪裁浮词的任务,其中心思想也是要乘一总万、举要治繁,使作品具有整体性的特征。所以此三篇要联系起来考察。

一、同中之异

对《附会》篇的研究,研究者的意见是一致的。一般都认为,"附会"篇是《文心雕龙》中论作品的结构谋篇的专论。"附会"就是"附辞会义"的缩写,"附"主要是对"辞"而言的,即附丽辞采,"会"主要是对"义"而言的,即会合事义。"群言虽多,而无棼丝之乱",是说善于"附";"众理虽繁,而无倒置之乖",是说善于"会"。"附会"的意思是讲究"辞"与"义"的搭配如何成为一个整体的问题,就是"总文理"、"定首尾"之术。实际上也就是作品结构艺术问题。研究者的意见虽然大体一致,但各人的解释则各有侧重,所强调的重点也不完全相同。这里举以下四家之言:

纪昀侧重首尾一贯。纪昀的开始有眉批:"附会者,首尾一贯,使通篇相附而会于一,即后来所谓章法也。"纪昀其他批注还有三处,在刘勰谈到"绝笔断章"的要求后,纪昀作了最为重要的眉批:"此言收束亦不可苟。诗家以结句为难,即是此意。"[①]看来,纪昀的侧重点在首尾一贯,其中又特别强调结尾的重要性。作品结尾常常是作品有

---

① 参见《文心雕龙汇评》,黄霖编著,上海古籍出版社2005年版,第140—141页。

机整体性的表现。

黄侃所侧重的是命意修辞的一贯。他说:"《晋书·文苑·左司传》载刘逵《三都赋》曰:'傅辞会义,亦多精致。'彦和此篇,亦有附辞会义之言,正本渊林,然则附会之说旧矣。循玩斯文,与《熔裁》、《章句》二篇所说相备,然《熔裁》篇但言定术,至于定术以后,用何道以联属众辞,则未暇晰言也。《章句》篇致意安章,至于章安以还,用何理以斠量乖顺,亦未申说也。二篇各有'首尾圆合'、'首尾一体'之言,又有'纲领昭畅'、'内义脉注'之论,而总文理定首尾之术,必宜更有专篇以备言之,此《附会》篇所以作也。附会者,总命意修辞为一贯,而兼草创讨论修饰润色之功绩者也。"①黄侃所强调的是命意修辞要有一以贯之之义。所以黄侃还特别指出"源"与"干"的重要性,强调刘勰的"整派者依源,理枝者循干"的原则。

刘永济则侧重于"全篇一意"之义。他说:"附会二字,盖出《汉书·爰盎传赞》:'虽不好学,亦善附会'。张晏注曰'因宜附着会合之。'亦见刘逵《蜀都吴都赋注序》。彼文曰:"傅会辞义,抑多精致。'其义即今所谓谋篇命意之法。为文之道,百义而一意,全篇而众辞。辞散不想附,则章节颠倒,而文失其序;义纷而不相会,则旨趣黯黮,而言乖其则;盖百义所以申一意,众辞所以成全篇。"②刘永济所强调的是"百义一意"。只有一意贯穿全篇,才是谋篇命意的根本道理。

值得指出的是,以上三家,还有另一些家,都没有注意到刘勰《附

---

① 黄侃:《文心雕龙札记》,华东师范大学出版社1996年版,第261页。
② 刘永济:《文心雕龙校释》,台湾华正书店1981年版,第164页。

会》篇中"杂而不越"这个重要的词。突出这个词的是王元化的《文心雕龙创作论》,王元化说:"虽然前人已经提出了附会的问题,可是艺术构思的根本任务究竟是什么呢?他们并未加以论述,刘勰是首先对这个问题作了明确分析的理论家。《附会篇》云:'何谓附会?谓总文理,统首尾,定与夺,合涯际,弥纶一篇,使杂而不越者也。'这里所提出的'杂而不越'一语,就是关于如何处理艺术结构问题的概括说明。案:'杂而不越'这句话见于《周易》。《系辞下》曰:'其称名也,杂而不越。'韩康伯《注》:'备物极变,故其名杂也。各得其序,不相逾越。'焦循《易章句》也说,'杂'谓'物相杂','不越'谓'不逾其度'。韩氏、焦氏的注疏都认为这句话是在说明《易》象万物变化之理,一方面万事万物变动不居,另一方面万事万物的变化又都不能超出天尊地卑的限度。刘勰把这句话用于文学领域说明艺术结构问题,显然已舍去了《系辞下》的本义。根据《附会篇》来看,'杂'是指艺术作品部分而言,'不越'是指不超出艺术作品的整体一致性而言。'杂而不越'的意思就是说艺术作品的各个部分必须适应一定目的而配合一致。尽管艺术作品的各部分、各细节在表面上千差万别,彼此不同,可实际上,它们都应该渗透着共同的目的性,为表现共同的内容主旨自然而然地结合为一个整体,使表面不一致的各部分、各细节显示了目的方面和主旨方面的一致性。……在艺术结构问题中,'杂而不越'这个命题首先在于说明艺术作品是单一(刘勰又称之为'约')和杂多(刘勰又称之为'博')的统一。从单一的方面说,艺术作品必须首尾一贯,表里一致。在这一点上,艺术和理论有某些相似之处。理论要求逻辑推理的一贯性,使所有的论点连接为一条不能拆开的链锁,一环扣一环地向前发展,以说明某个基本思想原则。艺术也同样要求形象细节的一贯性,使所有的描写围绕着共同的主旨,奔赴同一个目标,而不允许越出题外的骈拇枝指存在。……从杂多方面来说,艺术作品必须具有复杂性和变化性,通过丰富多彩的形式去表现丰富多彩的意蕴。艺术要求有生动、丰满的表现,以显示艺术形象在不同情况下可能产生的多种变化,……刘勰使用'杂'这个字来表明艺术作品的杂多性还可以举《诠赋篇》为证。《诠赋篇》说:'文虽杂而有质,色虽糅而有本'。在这里,'杂'、'糅'二字同义,都是代表杂多的意思。显然,刘勰是把'杂'作为肯定意义提出来的,以与单调、贫乏、枯窘相对立。"①王元化的论述既符合刘勰的思想,也充满新意。特别是他提出刘勰在强调结构艺术中的一贯性的原则的同时,也肯定刘勰对"杂"的肯定,"杂而不越"是要在单一和杂多之间达成统一,这一点同样是很重要的。王元化的论述超越前面三家之处也正在这里。

本文将沿着上面四家的读解,作进一步的补充和发挥。

二、"杂而不越"说的美学内涵

在这篇文章中,刘勰明确提出了"杂而不越"的总的结构原则。如王元化所说,"杂"就是作品的丰富、多样、饱满,"不越"就是不超越

---

① 王元化:《文心雕龙创作论》,上海古籍出版社 1979 年版,第 203—206 页。

作品的结构秩序一致性、一贯性。就是说,"杂而不越"是单一与多样的统一,是一致与丰富的统一,是结构的秩序性与形象的生动变化性的统一。刘勰的"杂而不越"实际上是提出了一个有趣的悖论:作品越单一、越一致就越好;作品越复杂、越丰富就越好。既然是悖论,那么就是有矛盾的。事实上,在刘勰看来,有不少文家就因为没有处理好这个具有矛盾的悖论而在布局谋篇上犯了错。要么是杂而越,要么是单调而不越。所谓"杂而越"就是刘勰所说的"统绪失宗,辞味必乱";所谓"单调而不越",就是刘勰所说的"义脉不流,偏枯文体"。那么刘勰怎么来克服这个悖论,他提出了什么原则来治理行文过程中的既不"失宗"又不"偏枯"的弊端呢?我认为刘勰起码提出了以下三个原则:

(一)要把文学作品理解为生命的形式。可简称为"生命的形式"原则。

刘勰认为解决好文学创作中谋篇布局的结构艺术,首先要把文学作品理解为生命的形式。这一点王元化也提到了,但没有展开来讲。这里我想做一些发挥。刘勰在《附会》篇写道:

> 夫才童学文,宜正体制,必以情志为神明,事义为骨髓,辞采为肌肤,宫商为声气。

这里所说的情志、事义、辞采、宫商是文学作品的基本层面,与此相对应的比喻则是"神明"、"骨髓"、"肌肤"、"声气",而这些都是人的生命体的一部分。刘勰在这里用了这个隐喻,显然不是偶然的。他就是认为作品与有生命的人一样,有灵魂、有骨髓、有肌肤、有声气。而且具体指出"情志"是灵魂,事情及其意义是骨髓,辞采是肌肤,音律是声气。作品就是生命的形式,对于生命来说,神明、骨髓、肌肤、声气是有机组合,它们密切相关,缺一不可;对于作品来说,情志、事义、辞采和音律也是密切相关,缺一不可,有机整体性是生命的根本特征。作为"杂而不越"就是要追求这种有机整体性。所谓"总文理,统首尾,定与夺,合涯际,弥纶一篇",都要从生命有机整体性特征出发来要求。

刘勰用人的生命体来比喻文学作品并不是从《附会》篇开始的,许多篇都有。比较突出的如《辨骚》篇对《离骚》的描述:"观其骨鲠所树:肌肤所附,虽取熔经意,亦自著伟词。……故能气往轹古,辞来切今。惊采绝艳,难与并能。"这里不但用属于人的身体的词语"骨鲠"、"肌肤"来形容作品,更用"惊采绝艳"这种形容女色的词来形容作品。又《神思》篇,《体性》篇的"赞",其中说:"辞为肤根,志实骨髓",认为作品的"辞"如同人的肌肤,而作品所表现的"志"则是人的"骨髓"。又,《风骨》篇说:"故辞之待骨,如体之树骸;情之含风,犹形之包气","是以缀虑成篇,务盈守气",这里用了"骨"、"骸"、"形"、"气",都是人的生命体的某一部分。特别是"气",按照徐复观在《文心雕龙的文体论》的理解,指的是"生命的力"。又,讨论对偶问题的《丽辞》篇:"造化赋形,支体必双","若斯重出,即对句之骈枝也"。又,《练字》篇写道:"夫文象列而结绳移,鸟迹明而书契作,斯乃言语之体貌,而文章之宅宇也。"又,《诠赋》篇:"及灵均唱骚,始观声貌"。这些例子,涉及人体的外形、体貌、声貌、肌肤、手指、骨髓、骨骸、气息、感情等由外而内各个部分。以上这些例子说明《文心雕龙》的作者刘勰,的确是比较自觉地把文学作品看成是"生命的形式"。刘勰的"生命的形式"的观念的形成,有多方面的原因:可能受扬雄的影响,扬雄曾把文章比喻为女色,说:"或曰,女有色,书亦有色乎,曰有。……"①扬雄这里所说的"书"即是文学。刘勰可能很看重扬雄的看法,而加以借鉴,此其一。可能受东汉以来流行的人物品鉴风气的影响。人物品鉴从汉代开始,到了魏晋六朝此风兴盛。如果说东汉的人物品藻更重从人物外貌看人的道德修养方面的程度的话,那么到了魏晋时期的人物品鉴就更重通过观察相貌看人物的才华能力,而到南北朝时期,由于士大夫在混乱的社会境遇中,更追求生命的自由,其时的人物品鉴也随之变化,转而更看重人的内在的风韵、神明、骨气等,如《世说新语·品藻》写道:"时人道阮思旷:'骨气不及右军,简秀不如真长,韶润不如仲祖,思致不如渊源,而兼有诸人之美。'"而《晋书·王羲之传》亦载:"时议者以为羲之草隶,江左中朝莫有及者。献之骨力远不及父,而颇有媚趣。"《世说新语·容止》说:"(孙权)形貌魁伟,骨体不桓,有大贵之表。"《世说新语·轻诋》道:"旧目韩康伯,将肘无风骨。"《世说新语·赏誉》写道:"祖少士风领毛骨,恐没世不复见此人。"这仅是一些例子。人物品鉴的思维不能不延伸到文学理论和批评上面,于是在文论中借用人的生命体的一些词语,进一步把文学理

---

① 扬雄:《法言·吾子》,见《先秦两汉文论选》,张少康、卢永璘编选,人民文学出版社 1999 年版,第 459 页。

解为像有生命的人一样也就很自然了。刘勰的《文心雕龙》把文学理解为生命的形式也就在情理之中,此其二。另外,文学的生命化也与当时"文学的自觉"密切相关。自曹丕在《典论·论文》中提出"文以气为主"之后,文学就与人的个性特征联系在一起。刘勰在《风骨》篇引了曹丕的论点并作了改造,这说明刘勰对"气"十分重视。"气"有多重理解,但把"气"理解为生命的力是最为平易和恰当的。按照这种理解,文学就是人的生命力的表现,刘勰把文学本身理解成为生命体也就顺理成章,此其三。既然文学作品是一种生命体,是鲜活的,那么每一个作者在布局谋篇的时候,就不能不充分考虑到作品作为生命的种种特征。这样,刘勰除了指出"必以情志为神明,事义为骨髓,辞采为肌肤,宫商为声气"外,在《附会》篇中,还频频用了其他一些以生命隐喻文学的词,如"画者谨发而易貌"的"发"、"貌","若统绪失宗,辞味必乱,义脉不流"的"味"、"脉","夫能悬识腠理"的"腠","善附者异旨如肝胆"的"肝胆","若首唱荣华,而腠句憔悴"的"腠"、"憔悴"……《附会》篇几乎把称呼人体及其功能的词语,都尽量地加以使用,这显然与刘勰的文学生命观有密切联系。

值得指出的是,美国现代著名美学家苏珊·朗格在《艺术问题》一书中,专门列一讲"生命的形式"。苏珊·朗格说:"在艺术评论中广泛应用的一种暗喻便是将艺术品比作'生命的形式'。每一个艺术家都能在一个优秀的艺术品中看到'生命'、'活力'或'生机'。当他们谈到一幅画的'精神'时,他们并不是指那种促使自己进行艺术创作的精神,而是指作品本身的性质。他们感到,作为一个画家,他的首要人物便是赋予他的绘画以'生命',一件'死'的作品肯定是一件不成功的作品。当然,即使一件极其成功的作品,也可能具有'死点'。但是,当人们把一幅绘画、一座建筑或一首奏鸣曲描绘为是一件'活的'或'栩栩如生'的生命体时,他们究竟所指的又是什么?"①在这里苏珊·朗格不但像刘勰一样把艺术作品本身理解为充满生命活力的、栩栩如生的生命的形式,而且进一步提出作品的生命的形式究竟是什么的问题。为了说明艺术作品的生命形式是什么,朗格不能不弄清楚作为生命体有哪些特征。当然,不能把生命体本身的形式与艺术的生命形式完全等同起来。因为艺术作品毕竟是虚构的,它有自身的规律。苏珊·朗格明白这一点,所以她说:"我们要比较的是由这些要素构成的产品——表现性的形式或艺术品——的特征,是两种特征之间的象征性的联系。"②苏珊·朗格概括出了人类的能够展现深层生命形式的基本特征,这就是:1、能动性;2、不可侵犯性;3、统一性;4、有机性;5、节奏性;6、不断成长性。然后把这些特征与艺术作品的生命特征一一比较。为了节省篇幅,我们不必把这种比较一一罗列。这里仅以生命的有机性和艺术品有机性这个刘勰和苏珊·朗格都关切的问题作一比较。苏珊·朗格认为人和一切有生命的事物都是有机的,她说:"它们所具有的基本特征也就是有机体内有机活动的特征——不断地进行消耗和不断地补充营养的过程。在这个有机体内,每一个细胞,乃至构成每一个细胞的细小组成成分,都处于一种持续不断的死亡和再生的过程之中。……它那统

---

①② 苏珊·朗格:《艺术问题》,滕守尧等译,中国社会科学出版社 1983 年版,第 41 页,第 50 页。

一的整体也只不过是一种纯机能性的整体。但是在这个整体之内那种机能性的结合却有着难以形容的复杂性、严密性和深奥性。"① 这段论述似乎可以用刘勰在《附会》篇提出的"杂而不越"四各字来概括。与此相对应,在艺术作品中,苏珊·朗格认为"经常为艺术家和批评家们所不断谈论的那个有机结构原理,一幅画或一首诗很显然并不真正具有器官的生命机能,但艺术品的结构中的确又有某种类似有机性的东西,尽管它的表现方式与有机性的表现方式不尽相同。当艺术家创造出一种虚幻事物的时候,其中每一成分都与别的成分息息相关。因此,艺术家打算对一幅作品进行修改时,他就必须同时看到几个方向上的变化。"② 苏珊·朗格在这里所作的比较似乎就可以用刘勰在《附会》篇提出的"杂而不越"四个字来概括。而且这里所说的作品中"每一成分都与别的成分息息相关",修改起来很困难,让我们联想到刘勰在《附会》篇所说的"善附者异旨如肝胆,拙会者同音如胡越。改章难于造篇,易字艰于代句,此已然之验"。因此,我们是否可以说苏珊·朗格的说法可以看作是对刘勰论点的发挥和延伸?

(二) 整体优先原则

这是"杂而不越"说十分重要的规定。刘勰提出要重视文章的整体,不能只在细部玩弄技巧。他说:

---

①② 苏珊·朗格:《艺术问题》,滕守尧等译,中国社会科学出版社1983年版,第44页,第52页。

> 夫画者谨发而易貌,射者仪毫而失墙,锐精细巧,必疏体统。故宜屈寸以信尺,枉尺以直寻,弃偏善之巧,学具美之绩,此命篇之经略也。

意思是说,绘画者一味描绘毛发,而所描绘的形貌就会失真。射箭者只见毫毛,而不见整堵的墙,就会因小失大。所以宁可委屈一寸而保证一尺的伸直,宁可委屈一尺而保证一丈的伸直,宁可放弃局部的细巧,也要学会使整体完美的功夫,这才是谋篇布局的概要。这里,刘勰实际上讲了这样一个道理,整体是制约局部的,而局部只能是整体中的局部。尺、寸和寻哪个更重要,当然是寻制约着尺,尺制约着寸,整体无论如何是大于部分之和的。一寸一寸的累积,而不顾整体的要求,这是不符合作品布局谋篇的道理的。换句话说,就作品的整体看,"寸"只有在"尺"中才能获得意义,而"尺"只有在"寻"中才能获得意义,细部只能在整体中才能获得意义。我们不能说孤立的这一"寸"多么美,这一"寸"的美,只有在尺中在寻中在整体关系中,才能显出美质。因此,整体优先的原则就特别的重要。在这里我们似乎又闻到了现代理论的气息。因为整体大于部分之和的思想,含有现代结构主义的基本精神。西方上个世纪60年代以来流行的结构主义的基本宗旨是什么?就是关系大于关系项。整体的结构关系大于个别的结构单位,个别的结构单位只有纳入整体结构中去才会获得意义。

从上个世纪结构主义流行以来,整体大于部分之和的思想,早已运用于作品的分析中。例如文学结构主义的大师法国学者罗兰·巴尔特在《叙事作品分析导论》中,就在"整体大于部分之和"和"关系大于关系项"的原则下,对叙事作品的句子和话语作了分析,他首先说:"大家知道,语言学研究到句子为止。语言学认为这是它有权过问的最大单位。确实,句子是一个序次而非序列,所以不可能只是组成句子的词的总和。"①这段话有两层意思:第一,语言学的研究单位,到句子为止,超过句子就是修辞学的事情了;第二,句子只是序次,而不是序列,所以不能说句子不是组成句子的词的总和。这第二层尤其重要,作者告诉我们一个句子并非句子中词的序列的总和,句子的构成在于词与词之间的关系中。他继续说:"话语虽然是独立的研究客体,但要从语言学出发加以研究。如果说,必须先给任务庞大、材料无计其数的分析制定一个工作的前提,那么,最理智的办法是假定句子与话语之间有同源关系"②。这意思是说,句子与繁复的话语之间有同源关系,因此,我们在分析话语的时候,可以把一篇话语,当作一个大句子来分析。或者说,话语是大句子,句子是小话语,它们的结构关系是相似的,可以作出相似的分析。他最后强调在语言的"描述层"句子的分析,说:"大家知道,在语言学上,一个句子可以进行多层次的(语音的,音位学的,语法的,上下文的)描述。这些层次处于一种等级关系中,因为,虽说每个层次有自己的单位和相关单位,迫使我们分别单独对其进行描述,但每个层次独自产生不了意义,某一层次的任何单位只有结合到高一级层次里去才具有意义。"③这里提出

---

①②③ 罗兰·巴尔特:《叙事作品结构分析导论》,《美学文艺学方法论》下,文化艺术出版社1985年版,第534页,第535页,第536页。

单位和层次的关系以及层次等级的观念,深得结构主义的精神。这意思与刘勰的"寸"、"尺"、"寻"之间的关系极为相似。"寸"、"尺"、"寻"是一种层次等级。首先"寸"只是细部,只是一个小单位或小单位关系,是产生不了意义的,或产生不了整个话语系统(例如一首诗)的意义。"夜雨剪春韭"是一个句子,是"寸",它只是告诉读者在夜里下雨了,有人去剪春韭,但为什么要在夜里去剪,不在白天剪?为什么是剪春韭而不收割别的东西?这是在一首诗中还是在一篇散文中?我们不得而知。这时候如果跃上一个层级,由"寸"到"尺",那么其意义就进了一步,如"夜雨剪春韭,新炊间黄粱",我们发现这是一个诗句,因为这里有对偶关系,"夜雨"对"新炊","剪"对"间","春韭"对"黄粱",而且平仄关系也像诗,意思也像诗,但这个小话语(刘勰所说的"尺"),在哪个大话语(刘勰所说的"寻")中呢?诗的整体话语是什么意思呢?意义仍然不清楚。我们只有把"夜雨剪春韭,新炊间黄粱"这个等级再跃上一层,放到杜甫的《赠卫八处士》这首诗的整体话语中,那么作为"尺"的单位的"夜雨剪春韭,新炊间黄粱"的意义才全部显示出来:

> 人生不相见,动如参与商。今夕复何夕,共此灯烛光。
> 少壮能几时,鬓发各已苍。访旧半为鬼,惊呼热中肠。
> 焉知二十载,重上君子堂。昔别君未婚,儿女忽成行。
> 怡然敬父执,问我来何方。问答未及已,驱儿罗酒浆。
> 夜雨剪春韭,新炊间黄粱。主称会面难,一举累十觞。
> 十觞亦不醉,感子故意长。明日隔山岳,世事两茫茫。

原来杜甫在一个晚上访问了阔别20年的老朋友卫八处士,两人感叹良多,卫八处士让他的儿女"夜雨剪春韭",并以"新炊间黄粱"来款待杜甫,表现了卫八处士对杜甫的一片真挚的朋友之情。这就是为什么刘勰要"屈寸以信尺,枉尺以直寻,弃偏善之巧,学具美之绩"的原因,也是刘勰得出"画者谨发而易貌,射者仪毫而失墙,锐精细巧,必疏体统"结论的理由,同时也是刘勰强调"制首以通尾"(从头到尾通盘考虑)和反对"尺接以寸附"(枝枝节节地拼凑)的缘由。由此可见,刘勰尽管生活在公元5世纪,但他在自己的理论实践中提出的整体优先的思想,已经获得了一千多年后的结构主义的旨义了。

(三)"依源循干"原则。

这是"杂而不越"的又一个基本原则。刘勰《附会》篇说:

> 凡大体文章,类多枝派,整派者依源,理枝者循干。是以附辞会义,务总纲领,驱万涂于同归,贞百虑于一致;使众理虽繁,而无倒置之乖;群言虽多,而无棼丝之乱……
>
> 夫文变无方,意见浮杂,约则义孤,博则辞叛,率故多尤,需为事赜。且才分不同,思绪各异,或制首以通尾,或尺接以寸附,然通制者盖寡,接附者甚众。若统绪失宗,辞味必乱,义脉不流,则偏枯文体。夫能悬识腠理,然后节文自会,如胶之粘木,石之合黄矣。是以驷牡异力,而六辔如琴;并驾齐驱,而一毂统辐:驭文之法,有似于此。去留随心,修短在手,齐其步骤,总辔而已。

刘勰提出"依源循干"原则是是有针对性的,那就是当时流行的作品有的为了追求词句的华丽,结果统绪失宗,辞味混乱;有的作品虽然写得"简约",但因布局谋篇不当,出现了"义孤"。不论是繁杂的倾向("失宗")还是简陋的倾向("义孤"),都具有一个通病,那就是"义脉不通"。刘勰对文学作品的理想是"杂而不越",即既要"博",又要"约",把"博"和"约"两者统一起来,达到"乘一总万,举要治繁"(《总术》)的目标。那么,怎样才能达到"杂而不越"的结构艺术的理想呢?刘勰提出了"依源寻干"的原则。

刘勰的"依源寻干",总的看,就是"一致性"的原则,即作品的主旨要一致,所以说"务总纲领"。作品的"纲领"是什么,当然是情志之主旨。但如果把作品主旨的一致,理解为一种单调、干瘪、贫乏的东西,又是不行的。刘勰认为关键之点是明确"源"与"干"的问题。一条河流只有一个主要的源头,尽管支流众多。一棵树只有一个主干,尽管枝叶繁茂。所以如果作品的支流无序和枝叶混乱的话,那么"整派者依源","理枝者循干"。"多"是可以的,但要归于"一"。一定要做到虽有万条路,但到达最后的终点只有一条主干线。虽有各种情志,但最终要情志趋于一个方向。"一"与"多"看起来是矛盾的,但一定要达到矛盾的统一。刘勰用"夫能悬识腠理,然后节文自会,如胶之粘木,石之合黄矣。是以驷牡异力,而六辔如琴"来描述他的结构艺术的理想。

三、"杂而不越"的文化蕴含

"杂而不越"的观念最初并非文学结构观念,如王元化所言它是从《易经·系辞下》中来的。但《附会》篇中的"杂而不越"似乎与《易经》原本的意义已脱离了关系。然而我要说,《附会》篇中"杂而不越"的思想就其文化蕴含说,并没有与中华文化脱离关系,相反它是从中华文化的根干上面生长出来的。刘勰在最后的"赞"中写道:

> 篇统间关,情数稠叠。原始要终,疏条布叶。道味相附,悬绪自接。如乐之和,心声克协。

这意思是说,作品的众多头绪的统筹安排是如此困难,因为情思繁复。作品的开头、结尾和各章各节要做到条理分明,一丝不乱。当道理和情思能够相互结合,不同的地方自然会连接起来。而要达到这个目标,就要如乐曲那样必须和谐,情志与言辞必须相互谐和。刘勰最后提出了"和"和"协"两字,而且是如乐曲那样的和谐一体。实际上"杂而不越"的文化蕴含就在"和而不同"的古老思想中。

张岱年对"和而不同"作了这样的解释:"和,本指歌唱的相互应和。《说文》:'和,相应也。'引申而指不同事物相互一致的关系。春秋时代,有所谓和同之辩。《国语·祁语》记载西周末年周太史史伯云:'夫和实生物,同则不继。以他平他谓之和,故能丰长而物归之。若以同裨同,尽乃弃也。故先王以土与金木水火杂已成百物。是以和五味以调口,刚四支以卫体,和六律以聪耳,正七体以役心,平八索以成人,建九纪以立纯德,合十数以立百体,……于是先王聘后于异性,求财于有方,择臣取谏工,而讲已多物。务和同也。声一无听,物一无文,味一无果,物一不讲。'史伯提出的'和'的界说是:'以他平他谓之和',即不同事物相互聚合而得其平衡。不同事物相互聚合而得其平衡,故能产生新事物,故云'和实生物';如果只是相同事物重复相加,那就还是原来事物,不可能产生新事物。故云'同则不继'。史伯关于和的思想是非常深刻的,至今仍闪耀着智慧的光辉。"①

我们说刘勰的"杂而不越"的思想的文化蕴含在"和而不同"思想中,就在于刘勰在作品结构面临繁复与扼要、博多与简约、源头与支派、根干与枝叶的悖立情况的时候,没有一味选择扼要、简约、源头、根干,而排斥繁复、博多、支派、枝叶。刘勰力图让"杂多"与"单一"聚合在一起,设法达到平衡,达到和谐。所以我们可以说刘勰的"杂而不越"说是古老的"和而不同"的文化思想在作品结构艺术思想上面的投射。刘勰的思想也是深刻的,仍然闪烁着诗性的智慧之光。

（原载《文艺研究》2007第1期）

---

① 张岱年:《中国古典哲学概念范畴要论》,社会科学出版社1989年版,第127—128页。

《文心雕龙》"比显兴隐"说

提要：历史上对"比、兴"有三种不同的解说，即政治的解说、语言的解说和文学的解说。文学的解说最有意义。最具有代表性的说法是刘勰的"比显兴隐"说。徐复观在解释刘勰的观点时提出新论，认为兴句的意义不是表示实在的具有概念的意义，而在于"形成一首诗的气氛、情调、韵味、色泽的。"本文认为，还可以把刘勰的"比显兴隐"说的解说推进一步。这里的基本理论假设是，"比"主要是接近认识论的，所以"比显"；"兴"主要是接近存在论的，所以"兴隐"。

"赋比兴"的观念是早在春秋时代就已经提出，不断积累而形成的。先由《周礼·春官·大师》总结："教六诗，曰风，曰赋，曰比，曰兴,曰雅,曰颂。以六德为之本,以六律为之音"。① 汉代《毛诗序》的作者,又根据《周礼》的说法提出了"诗之六义"说:"故诗有六义焉,一曰风,二曰赋,三曰比,四曰兴,五曰雅,六曰颂。"② 很明显,风、雅、颂是属于《诗经》的文体分类,赋、比、兴是指什么,则没有说明。唐代孔颖达在《毛诗正义》说:"赋比兴是诗之所用,风雅颂是诗之成形",意思是前者是诗的作法,后者是诗的体裁。一般说,赋、比都比较清楚,兴就有疑问,后人的解释分歧很多,至今也没有定论。刘勰所谓"风通而赋同",即风与雅颂相通,赋则作为诗的一般表现手法,与"通正变,兼美刺"是相同的,这些都比较好理解,惟独比和兴的问题,历代解释很多,众说纷纭。概括起来大体上有三种解释的方法,即政治的解说、语言的解说和文学的解说。

一、三种不同角度的解说

政治的解说。如汉代的"比刺兴美"说。这是汉儒的经学的解释。郑玄注《周礼》"六诗"说:"赋之言铺,直铺陈今之政教善恶。比,见今之失,不敢斥言,取比类而言之。兴,见今之美,嫌于媚谀,取善事以喻劝之。"③ 这种说法是以汉代的社会文化中的"美刺"论来生硬

---

① 《周礼·春官·大师》,《先秦两汉文论选》,人民文学出版社1996年版,第253页。
② 《毛诗序》,见《先秦两汉文论选》,张少康等选注,人民文学出版社1999年版,第344页。
③ 《周礼·春官宗伯·大师》,《周礼注疏》卷23,十三经注疏本,中华书局1980年影印本。

地解释比兴,一般认为与文学艺术离开得比较远,与文学创作没有多大关系。《毛传》、《郑笺》中对于《诗经》的解释,常常在抒情的诗歌中,离开诗歌所表达的情感和所描绘的形象去寻求有关君臣父子的"微言大义",例如《毛诗序》把爱情诗《关雎》说成表现"后妃之德也",把《卷耳》解释成表现"后妃之志也",把《绿衣》解释成"卫庄姜伤己也"等等,就和这种对于"赋、比、兴"的牵强附会的理解,有着直接关系。唐代孔颖达就不同意郑玄把"比兴"分属"美刺"的说法,指出:"其实美刺俱有比兴者也。"(《毛诗正义》)并非比一定与"刺"相连,兴一定与"美"相连。这种经学家的政治解释方法,在中国古代仍有不小影响,连刘勰也不能不受其影响,如"比兴"篇中说:"关雎有别,故后妃方德;尸鸠贞一,故夫人象义。"意思是关雎雌雄有别,用以比喻后妃的美德,布谷鸟专一,所以诗人用来比喻夫人的专一用心。这种读诗的方法承继的是毛亨和郑玄的政治解释方法。这种方法的特点是用政治遮蔽艺术,用意识形态曲解诗义,离开了诗歌的基本常识,是不可取的。

语言的解说。朱熹的解说可作为代表。朱熹在《诗集传》中说:"兴者先言他物以引起所言之辞。比者,以彼物比此物也。""赋者,敷陈其事,而直言之者也。"[①]赞成此说的人最多。在朱熹的解说中,强调比兴是一种修辞手段,一种语言技巧。这种解说与毛亨、郑玄的政治教化说大异其趣,无疑把解说推进了一步。从单纯的训诂的角度看,不能说没有道理。但作为一种语言解说,用之于非文学著作中是

---

① 朱熹:《诗集传》卷一,上海古籍出版社1962年版,第1页。

可以的,但用之于文学作品似乎就还隔着一层。因为诗歌的语言是情感的语言,离开情感,单纯从文字训诂的角度,很难把属于情感世界的诗歌解说清楚。实际上,对于这种解说,连朱熹本人有时也是怀疑的。(详下)

文学的解说。最值得重视的解说。具有代表性的有四人,即刘勰的"比显兴隐"说,钟嵘的"文已尽意有余"说,宋人李仲蒙的"叙物索物触物"说,近人徐复观的现代解说。考虑到徐复观的观点是在解释刘勰的比兴理论中提出来的,所以本节先叙钟嵘和李仲蒙的看法,下一节则把刘勰和徐复观的观点结合起来论述。

钟嵘在《诗品序》中说:"故诗有六义焉,一曰兴,二曰比,三曰赋,文已尽意有余,兴也;因物喻志,比也;直书其事,寓言写物,赋也。弘斯三义,酌而用之。干之以风力,润之以丹采,使味之者无极,闻之者动心,是诗之至也。"在钟嵘看来,三者都是文学的方法。因为运用赋比兴都要"干之以风力,润之者丹采",最终目的都是要使"味之者无极,闻之者动心。"钟嵘对比和赋的解说,与前人相比,没有提出更新的东西。但是他对兴的解说则很有新意。他说"文已尽意有余,兴也",这就把"兴"的含蓄蕴藉的文学功能说得比较清楚。这种看似"与训诂乖殊"(黄侃《文心雕龙札记》)的解说,"说得不明不白"(黎锦熙《修辞学·比兴篇》)的解说,恰恰揭示了"兴"的文学功能,是十分有意义的。钟嵘之前,虽然有司马迁在《屈原贾生列传》中提出过"其称文小而其指极大,举类迩而见义远"的说法,但司马迁是对屈原的整个作品而说的,并没有具体说明这就是"兴"。显然,钟嵘可能一方面是从刘勰的"比显兴隐"的观点受到启发(这是一种假定,因为刘勰、钟嵘是同时代人，有学者考证钟嵘生于公元471年，刘勰则可能生于466年），而另一方面，也许更重要的方面是从欣赏《诗经》作品中体会出来的。钟嵘的"文已尽意有余，兴也"的观点，深感用"兴"的地方，言在此而意在彼，言已尽而情无穷。或者说兴句的字数有限，这就是"文已尽"，但是那情感却绵延不绝，这就是"意有余"了。这种看法与那种政治的猜谜语式的解说不同，也与枯燥的语言解说不同，钟嵘显然体会到用"兴"的作品具有无限绵延的情感，同时也体会到读者在品味用"兴"的作品时必须有情感的投入，因为"文已尽意有余"有待于读者的参予，如果没有读者情感的投入，纯用训诂的方法去读去解释，是不可能体会出"文已尽意有余"的。钟嵘对"兴"的解说影响很大，唐代以来的诗学实际上是沿着"文已尽而意有余"的旨意往前推进的。

宋人李仲蒙的解说也很有意义，他说："叙物以言情谓之赋，情物尽者也；索物以托情谓之比，情附物者也；触物以起情谓之兴，物动情者也。"① 李仲蒙分别从"叙物"、"索物"、"触物"的角度来解释"赋"、"比"、"兴"。在他看来，作为赋的"叙物"不仅仅是"铺陈其事"，还必须与"言情"相结合，就是说作者要把情感表现得淋漓尽致，又要把客观的物象描写得真切生动。这就比传统的解释进了一大步，更加符合创作中对于"赋"的要求。唐代许多诗人用"赋"，的确都表现了这样的特点，如杜甫的《北征》、《自京赴奉先咏怀五百字》、"三吏三别"，白居易的《长恨歌》与《琵琶行》，主要是用"赋"，却也十分尽情。作为

---

① 引自胡寅《与李叔易书》，《斐然集》卷十八，《四库全书》本。

"比"的"索物",即索取和选择物象以寄托感情,不完全是一个运用比喻手法的问题,作者还必须在比喻中表达真挚的感情。唐代许多诗歌中的比喻,如李白《春思》:"燕草如碧丝,秦桑低绿枝……",这里用"比",却以情附物,而不像某些汉赋那样把各种比喻变成单纯词藻的堆砌。作为"兴"的"触物",由外物的激发以兴情,反过来又把情感浸透于所描写的物象中。显然,李仲蒙对"赋、比、兴"的解说,最后都归结到一个"情"字上面,这就更符合文学的审美特征,这是很有见地的。

二、赋比兴与情感表现

作为情感表现方式的赋、必、兴有何区别呢?它们各自的特色又是什么呢?一般研究者都认为,前面提到的朱熹的解释——"兴者,先言他物以引起所咏之词;赋者,敷陈其事而直言之也;比者,以彼物比此物也"——已经比较清楚了,似乎没有什么问题了。其实不然。例如朱熹说:"兴者,先言他物以引起所咏之词也。"这是不错的,像"关关雎鸠,在河之洲;窈窕淑女,君子好逑",前两句是"兴",即"先言他物",后两句就是"引起的所咏之词"了,问题在于前两句"兴"句与后面的"所咏之词",究竟有没有关系?如果有关系,那又是什么关系?如果没关系,那还要它做什么?再如,赋就是"敷陈其事而直言之"吗?在敷陈其事的时候,是否需要情感的渗入呢?如果需要的话,那么情感深入之后的"赋"是不是就仅是"直言"呢?再比如,"以彼物比此物"这一点容易理解,问题在于比与情感有何关系?如果比也要表现情感的话,比与兴相比在表现情感的功能上究竟有何不同?等等,这些问题,是朱熹所没有解决的。钟嵘和李仲蒙尝试着去解决,但也未能完全解决。下面重点来看看刘勰与徐复观如何来解决这些问题。

赋比兴在情感的表现方式上确有区别,但是这种区别仅从语言的训诂上是很难说清楚的。诗歌抒发情感,必须从情感表现的角度才能说清楚。人的情感在没有对象化、形象化、物化之前,往往是飘忽不定的,所谓"蓝田日暖,良玉生烟",摸不着,抓不住,无法把握。必须经过"郁陶"、"蓄积"、"凝心"之后,在情景相触之后,才能用言语和景象使情成体。

"赋"的问题。对于文学来说,所谓"赋",就是敷陈其事吗?就是直言吗?刘勰在《诠赋》篇说:"赋者,铺也;铺采摛文,体物写志也。"刘勰在确定"赋"的铺陈特点的条件下,强调赋必须把"体物"与"写志"结合起来。"体物"要贴切地描写事物状貌,"写志"则要尽量地抒发感情。离开感情的表现单纯讲"敷陈其事",单纯讲"直言",对于文学来说是毫无意义的。正因此,刘勰在《诠赋》篇突出地提出了"情以物兴"和"物以情观"的思想。对于汉代以来那种文虽新而无情感之质的"赋"体,多有不满和批评。实际上"赋"是要把情感和与情感相关的事物直接说出来,即"直抒胸臆"。徐复观发展了刘勰的思想,他说:"把与内心情感有直接关联的事物说了出来,这即是《诗经》上所谓的赋。由赋所描写的'情像'也是直接的'情像'。"①徐复观强调的是，"敷陈其事"不一定是诗，"直言"也不一定是诗，诗歌的"赋"在描写事物的时候，是夹带感情而来的。如《诗经·伯兮》："自伯之东，首如飞蓬；岂无膏沐，谁适为容？"这里这个女子的形象和心理，都是她的思念之情的直接的表现。所谓"表现"就是内心情感的外部的流露。一个女子，思念他所爱的男人，虽有打扮的"膏沐"，却无打扮的心思，她想，自己所爱的人在远方，迟迟不归，她为谁打扮呢？诗人把这种情感直接外化为形象，这就是"赋"的方式。又如汉代古诗《步出城东门》："步出城东门，遥看故乡路。前日风雪中，古人从此去。……"这里写在城的东门外，送别朋友回故乡去。在风雪弥漫中，看着一条空空荡荡的通往远方的路，看着朋友的背影消逝在路的尽头，勾起了自己的浓浓的思乡之情。作者通过敷陈其事，把思乡之情化为景物。可以说，赋是情感的最直接的形象的抒写。徐复观在谈到赋体的《诗经·伯兮》时说："它之所以成为诗，是因为在这里的事物，不是纯客观的、死的、冷冰冰的事物，而是读起来感到软软地、温温地，好像有一个看不见的生命在那里蠕动着的事物；这是赋的真正的本色、本领。"②这个说法很精当。我们千万不可把"赋"看成是"赋比

---

① 徐复观：《释诗的比兴——重新奠定中国诗的欣赏基础》，《中国文学论集》，台湾学生书店1976年版，第96—97页。

② 徐复观：《释诗的比兴——重新奠定中国诗的欣赏基础》，《中国文学论集》，台湾学生书局1976年版，第97页。说明：本文参考了徐复观这篇论文的观点，但对于徐先生说的"兴"由"感情"的直感而来，"比"由"感情的反省而来"的基本观点，则不能苟同。因为诗的情感都是需要经过"反省"的。"反省"即"郁陶"、"蓄积"、"沉思"、"凝心"。

兴"中似乎最没有价值的方式。实际上，赋的抒情方式，只要运用得好，也可以写出非常出色的作品。《伯兮》就是《诗经》中最富于艺术性的作品之一。《步出城东门》也是汉诗中杰出之作。又如唐诗，大家都说是用"兴"的结果，说唐诗"兴象玲珑"。但我们如果认真分析一下就会发现用得最多的还是"赋"。例如杜甫的诗。其中最为大家称道的《羌村三首》全部是"赋"，如第一首："峥嵘赤云西，日脚下平地。柴门鸟雀噪，归客千里至。妻孥怪我在，惊定还拭泪。世乱遭飘荡，生还偶然遂。感叹亦歔欷。夜阑更秉烛，相对如梦寐。"除了"相对如梦寐"一句用了"比"，其他句子都是"敷陈其事直言之"，都是"赋"；但是在"敷陈其事"的同时，我们感受到一股浓烈之情。杜甫要表达的那种死里逃生后那种侥幸之情、见到亲人后那种欢喜而又悲凄之情、亲人见到自己之后那种感到极大安慰但又恐再次失去之情，都渗透进见面的场景的敷陈描写中。可以说文学意义上的"赋"，并不比"比"与"兴"的抒情功能少。

"赋"的问题解决之后，我们把问题重点转入对于"比兴"的理解。"比"与"兴"究竟有什么区别呢？比就是"以彼物比此物"吗？兴仅仅是"兴者先言他物以引起所言之辞"吗？我们先来看看刘勰在《文心雕龙·比兴》中的观点：

比者，附也，兴者，起也。附理者切类以指事。起情者依微以拟议。起情故兴体以立，附理故比例以生。

比显兴隐。

刘勰在这里提出"附理"和"起情"作为比与兴的区别,是很有道理的。

那么什么叫做"附理",什么又叫做"起情"呢?我们认为在文学抒发的情感中,除了"赋"以外,还有两大类,一种是比较清晰的确定的情感,这种情感具有鲜明的强烈特征,如十分的爱慕,或万分的憎恨,或极端的愤怒,或极度的悲哀等,这种强烈的感情在经过"痛定思痛"、"爱定思爱"、"恨定思恨"、"悲定思悲"之后,可以用词语说出来,往往积淀为一种"理性",即情感中"附"着了"理"。徐复观说:"比是由感情反省中浮现出的理智所安排的,使主题与客观事物发生关联的自然结果。"这是不错的。例如,某个女人死了她所爱的丈夫,这在当时是十分悲痛的事情。但这件事情如果过了若干年后,那么她也就可以用理性来对待了。这类情感就可"切类以指事",即根据不同情感的类的倾向来采用"比",适宜于通过"比"的方式来抒发。或者可以这样说,由于这类情感的清晰性确定性,被"比"的"此物",与用来比喻的"彼物"之间,经过一番"理智"的安排,即经过"匠心独运",通过一条"理路",可以把"彼物"与"此物"联系起来。在这里抒情者是有选择性的,选择甲或乙作为"彼物",可以有一个理智选择过程,最后产生"比"的"理象"。例如,《诗经·硕鼠》:"硕鼠硕鼠,无食我黍。三岁贯汝,莫我肯顾。逝将去汝,适彼乐土。乐土乐土,爰得我所。"这是普通下层民众对剥削者的极端的愤怒,这种愤怒已经积淀为理智,所以适合于运用"比"的方式。你看,在这首诗中,把剥削者比喻成贼头贼脑的贪得无厌的大老鼠,不是把剥削者的丑恶嘴脸,描写得十分生动吗?在这比喻的过程中,作者虽怀着愤怒的情感,但情感清晰、明确,其中就含有"理智"的因素,本来可以把剥削者比喻成豺狼、虎豹等,但作者经过"匠心独运"的理智的选择,觉得把贪得无厌的剥削者比喻成硕鼠更确切,这就叫做"附理者切类以指事"。刘勰的"附理"二字,尤为精辟,"比"的形象或多或少都有"理"的因素在起作用。换言之,比的事物和被比的事物之间,有一个"理"的中介,通过这个中介,两者相似点(如剥削者与硕鼠)才被关联起来。

由于比要有"理"的中介,所以按照刘勰的说法,其审美效果是"比显"。因为"比的"与"被比的"有"理路"可寻,是诗人"匠心独运"的结果,所以"比"是显豁的,容易被人理解,也容易被人分析出来。实际上凡是确定的东西都是显豁的,容易被人所理解的。"硕鼠"与剥削者之间的相似点,那就是他们都可以用"贪得无厌"来形容,这是再明显不过的事实。值得注意的是刘勰对于"比"是有鉴别的。比不但要"显",而且还要与情感的表现有联系。对于《诗经》中的"比"刘勰是肯定的,他说:"且何谓比,盖写物以附意,飏言以切事者也。故金锡以喻明德,珪璋以譬秀民,螟蛉以类教诲,蜩螗以写呼号,浣衣以拟心忧,席卷以方志固。凡斯切象,皆比义也。"意思是说,什么是"比"?就是用事物的描写来比喻意义,明确地说明用心。例如《诗经》中用金锡来比喻美好的品德,用珪玉的配合来比喻诱导人民,用细腰蜂养育螟蛉来比喻教诲学生,用蝉的鸣叫来比喻呼号,用衣服脏了不洗来比喻心忧,用心不能像席子那样翻卷比喻意志的坚定,这些切合的形象,都是"比"的意义。为什么《诗经》中这些"比"用得好呢?因为"比"中渗透了情感,而"比"也只有与情感相结合,才能"切类以指事",即通过外在形貌的描写达到内在真实的揭示。刘勰对秦汉以后赋体中的"比"就不以为然。他说:"夫比之为义,取类不常。或喻于声,或方于貌,或拟于心,或譬于事。宋玉《高唐》云,'纤条悲鸣,声似竽籁',此比声之类也。……若斯之类,辞赋所先,日用乎比,月忘乎兴,习小而弃大,所以文谢于周人。"在这里,刘勰一口气举出了宋玉、枚乘、贾谊、王褒、马融、张衡等人在辞赋中所用的各种"比",认为他们不但不会用兴,仅仅会用"比",更重要的是"习小而弃大",文章比周代人所写的逊色多了。刘勰为什么这样说呢?他到底对这些辞赋家有何不满?实际上我们从刘勰"比兴"篇的前后文可以看到,刘勰重视诗歌中的"情","情者文之经",因此用"比"用得好不好的关键在于能不能做到"拟容取心"。"容"是事物的外在面貌,事物还有内在的精神,这精神就是"心",所以要"拟容取心"。而汉代以来的这些辞赋家虽然用了许多"比",但仅仅达到"图状山川,影写云物"的地步,堆砌了许多词藻,而事物的精神写不出来,人的情感写不出来,这样的"比"没有与情感结合,所以刘勰对他们的作品表示不满是理所当然的。

那么我们又如何来理解刘勰的"兴者,起也","起情者依微以拟议"呢?

在文学抒情中,还有一类情感是比较朦胧的、深微的,不但摸不着,抓不着,而且说不清,道不明,处于所谓"可解不可解"的状况。在这种情况下,就往往自觉不自觉地运用"兴"的方式,即刘勰所说的"起情者依微以拟议"。

在这里,我们要特别推荐新儒家代表人物徐复观的看法。徐复观说:"人类的心灵,仅就情这一面说,有如一个深密无限的磁场;兴所叙述的事物,恰如由磁场所发生的磁性,直接吸住了它所能吸住的事物。因此,兴的事物和诗的主题的关系,不是像比那样,系通过一条理路将两者联系起来,而是由感情所直接搭挂上,沾染上,有如所谓'拈花惹草'一般;因而即此以来形成一首诗的气氛、情调、韵味、色泽的。"①这个说法是符合实际的,由于诗人的情感是朦胧的,不确定的,没有明确的方向性,他不能明确地比喻,诗人只就这种朦胧的、深微的情感,偶然触景而发,这种景可能是他眼前偶然遇见的,也可能是心中突然浮现的。当这种朦胧深微之情和偶然浮现之景,互相触发,互相吸引,于是朦胧的未定型的情,即刻凝结为一种形象,这种因情景相触而将情感定型的方式就是"兴"。徐复观认为兴的作用在于形成一首诗的"气氛、情调、韵味、色泽",这"气氛、情调、韵味、色泽"八个字特别精到,很好地解决了前面长期讨论的作为"先言他物"的兴句,与"引起的所咏之词"的关系问题:即前两句"兴"句与后面的"所咏之词",究竟有没有关系?如果有关系,那又是什么关系?是不是仅仅有一种"协韵"的关系?按照徐复观的观点来理解,"兴句"与后面的"情句"是有关系的,但不是单纯的"协韵"的关系。兴句的作用不是标明诗歌主旨,也非概念性说明,兴句所关联的只是诗歌的"气氛、情调、韵味、色泽",重在加强诗歌的诗情画意。

朱熹的比兴说虽然以语言的解说广为人知,但他内心是有矛盾的。一方面他说"诗之兴,全无巴鼻。后人诗犹有此体。'振录云,多

---

① 徐复观:《释诗的比兴——重新奠定中国诗的欣赏基础》,台湾学生书局1976年版,第100页。

是假他物举起,全不取其义。'"另一方面,他又强调说:"比虽是较切,然兴却意较深远","比意虽切而却浅,兴意虽阔而味长。"①既然说兴意阔而味长,而且意义深远,那么又如何说"诗之兴,全无巴鼻",似乎兴句毫无意义呢?这是自相矛盾的,说不通的。朱熹凭他个人的艺术感觉,觉得兴意阔而味长,这是不错的,但他没有说清楚兴句的作用究竟是什么。我们认为这个问题被徐复观说清楚了,兴句的意义不是表示实在的具有概念的意义,而在于"形成一首诗的气氛、情调、韵味、色泽的。"例如《诗经·关雎》前面两句:"关关雎鸠,在河之洲",对于后面两句"窈窕淑女,君子好逑"来说,作为"起兴",起到了一种渲染"气氛"、"情调",或增加"韵味"、"色泽"的作用。

"气氛"、"情调"、"韵味"、"色泽"对抒情诗歌来说,不是可有可无的,而是至关重要的,从某种意义上说,这几乎就是诗的全部。我们这里可以举一首王昌龄的《从军行》为例:

琵琶起舞换新声,总是关山离别情。
缭乱边愁听不尽,高高秋月照长城。②

首先要说明的是,"兴"发展到后来,"兴句"不一定放在前面,而可以放到全诗的任何一个位置上,当然也可以放置到后面。这首诗

---

① 《朱子语类》,朱熹著,黎靖德编,王星贤点校,中华书局1986年版,第2069—2070页。
② 王昌龄:《从军行》,《万首唐人绝句校注集评》中册,霍松林主编,山西人民出版社1991年版,第163页。

里,兴句是第四句"高高秋月照长城"。全诗写的是"边愁",似乎前面三句已经把意思写尽,可是加上了"高高秋月照长城"以后,我们的感受有何变化呢?假如说前三句与第四句无关,那么为什么我们读了"高高秋月照长城"之后,会有一种无限苍凉、惆怅之感?并会激起对那些守边将士的崇敬之情呢?假如说,后面的"兴句"与前面的句子有关,那么又是什么关系呢?精确地说,又很难说出来。这只能说是后面的兴句,大大增强了守边将士的"边愁"的气氛和情调。如果我们再进一步追问,为什么后面的兴句,会增强边愁的气氛和情调呢?原来"高高秋月照长城"作为客观的景象,是从主观"边愁"的情感看出,两者已经融合在一起,整个景象都被"边愁"融化了,因而秋月、长城都渗透了无边的"边愁",而无边"边愁"也融化于秋月、长城中了。这种融合的确是朦胧的、深微的,看不出痕迹的。这种融合不是什么"匠心独运",而是一种"神来之笔"。

刘勰的"比显兴隐"说,不但把比与兴的审美功能区别开来了,一个"显",一个"隐",更重要的是刘勰道出了"兴"的深远的文学意义,从这里接触到了文学的审美本质问题,这是非常了不起的。所谓"兴隐",就是指"兴"所表现的情感是一种开阔的、深微的、不可解的、不必解的。用刘勰在"比兴"篇的话说:"观乎兴之托谕,婉而成章,称名也小,取类也大。……明而未融,故发注而后见。"意思是说,看兴的寄托与讽谕,婉转而成文章,所举的名称也小,如什么花草、禽鸟之类,可含义却很丰富。所写之物虽明显却仍让人不明白,要研究者注释后才能让读者了解。刘勰也举了"关雎有别,故后妃方德"等例子,这些例子还受汉儒教化论的影响,所以并不恰当。但他的"兴之托谕,婉而成章","称名也小,取类也大","明而未融",以及后文的"取容拟心"的说法,则是深刻的。就是说,不能仅仅把"兴"理解为诗的起始句的"起兴",要充分估计"兴"所写的事物可能十分具体而微小,但其表达的情感意义则是开阔的、深微的,甚至是读者觉得"好",但又觉得那"好"却说不出来,要等待别人体会、注释和讲解。那么"兴"所表达的这开阔的、深微的、不可解的意义是什么?徐复观回答说,"兴"就是"形成一首诗的气氛、情调、韵味、色泽",我认为他的回答是切合实际的深刻的,把我们所说的开阔的、深微的、不可解的情感意义解释清楚了。

三、"比显兴隐"说的哲学解说

那么我们能不能说徐复观的现代解说已经给"比兴"问题作了深刻的结论,已经没有推进的余地了呢?我的看法是,对于刘勰的"比显兴隐"说的意义还可以从哲学的角度,把解说再推进一步。我的基本理论假设是,"比"主要是接近认识论的,所以"比显";"兴"主要是接近存在论的,所以"兴隐"。

据我个人对哲学的理解,从哲学的文化类型上说,现今世界上有两种哲学:一种主要是在西方文化背景下产生的认识论哲学,一种主要是在中国传统文化背景下产生的存在论哲学。什么是认识论,什么是存在论,这纯粹是哲学问题。我这里不准备也没有可能把两种哲学讲清楚,因为这不是一篇、两篇论文能够讲清楚的。这里我只是用举例的方式,略约地让读者了解这两种哲学的不同以及它们跟"比兴"理论的关联。

认识论哲学主要源于古希腊柏拉图和亚里斯多德的传统。中国古代也有这个传统。它的理论基础就是主体与客体的分离与对立。人是认识世界的主体,周围的世界则是认识的客体,其基本的理论假设是事物有现象与本质、个别与普遍、具体与抽象、感性认识与理性认识之分,并认为通过现象可以认识本质,通过个别可以认识普遍,通过具体可以获得抽象,通过感性认识可以升华为理性认识,二元对立成为认识论的基本特征。认识论哲学的本质是知识论,人可以通过对周围世界的认识,通过对事实的分析与综合,通过逻辑判断、推理、证明和证伪等,获得一切知识,解决一切问题。如果我们用认识论来理解"比",那么就像上文所述,在诗歌创作运用"比"的时候,主体与客体是分离的。主体先认识、把握到一个对象(客体),例如剥削者的贪得无厌的嘴脸,主体对它恨之入骨,并进一步思考,如何把它的嘴脸描画出来,最后经过苦心经营,包括想象、虚构和比较等,在理性的参与下,终于寻找到了"硕鼠"这个形象来比喻剥削者,达到了发泄自己的情感的目的。剥削者与"硕鼠"之间很相似,且相似点很显豁,很好理解。这个过程是主体认识和描写客体的过程。不论作者是否意识到,这是接近认识论的。所以一般而言"比"的发现,往往不是神来之笔,也不可能纵笔而成。即使是那些天才的诗人,他在运用"比"的时候,也许也要驻笔思考,不可能一蹴而就。陶渊明无疑是天才诗人,当他写下"羁鸟恋旧林,池鱼思故渊"的时候,他作为一个主体认识到官场的尘世生活,让他觉得"误落尘网中"或"久在樊笼里",失去了人的自由(客体),诗人有了这种认识,于是他驻笔思考,终于决定以"羁鸟恋旧林,池鱼思故渊"这一诗句来比喻回归田园的欲望。这主要是一个主体认识客体的认识过程。所以我们是否可以说,"比显"主要是认识论结出的果实。

认识论哲学发展的主要成果是西方现代科学技术的突飞猛进,从而进入给人类社会既带来无尽财富又带来无穷弊病的现代工业社会。直到以科学技术主义为主要特征的工业的弊端,终于给人类自身带来灾难(如拜物主义、拜金主义、贫富差距、环境污染和现代战争等),人们开始怀疑认识论哲学是不是就是唯一的哲学。于是,所谓古希腊时代由赫拉克利特开始的存在论哲学逐渐恢复与发展起来。陀斯妥耶夫斯基、齐果克、尼采、里尔克、卡夫卡、雅斯培、海德格尔、萨特等作家学者重新开辟了哲学的存在论的新方向。与认识论不同,存在论主张以人为本,世界唯一的存在是人,而不是物。海德格尔说:"存在的东西叫做人。只有人才存在。岩石只是'有',而不是存在。树木只是'有'而不是存在,马只是'有'而不是存在,上帝只是'有'而不是存在,……"①尽管各派存在论有很大不同,但以人为中心,关切人自身,关心人的体验,则是共同之点。特别值得注意的是存在论抵制现象与本质、个别与一般、具体与抽象等二元对立的思路,认为东方尤其是中国古代文化的"天人合一"、"主客消融"、"物我两忘"、"物我同一"、"物我互赠"、"情景交融"等更符合人的生存的要求。在掌握世界的路径上面,与认识论只相信事实、逻辑、判断、推

---

① 《存在主义》,W.考夫曼 编著,陈鼓应等译,商务印书馆 1987 年版,第 223 页。

理、证明、分析、综合、比较等不同,存在论更相信人的感受、体会、直觉、体验、感兴、想象、领悟、意会等等。中国古代文化所隐含的哲学是存在论的故乡。庄子的"与天地万物相往来"可以视为存在论的箴言。《庄子·秋水》篇:"庄子与惠子游于濠梁之上。庄子曰:'儵鱼出游从容,是鱼之乐也。'惠子曰:'子非鱼,安知鱼之乐?'庄子曰:'子非我,安知我不知鱼之乐?'"①庄子作为主体与鱼融为一体,知道儵鱼出游之乐,主客体在这里达到了合而为一,这可视为海德格尔神往的"诗意地栖居",这可以视为存在论所追求的境界。"白云抱幽石,绿筱媚清涟"(谢灵运),"相看两不厌,只有敬亭山"(李白),"感时花溅泪,恨别鸟惊心"(杜甫),"春蚕到死丝方尽,蜡炬成灰泪始干"(李商隐),"野桃含笑竹篱短,溪柳自摇沙水清"(苏轼),"日暮北风吹雨去,数峰清瘦出云山"(张耒)……这些诗句可视为存在论的诗意范本。为什么说这些诗句是存在论的范本呢?这主要是因为这些诗句"情景交融"、"物我互赠",主体与客体合一。如李白的"相看两不厌,只有敬亭山","我"(主体)看"敬亭山"(客体),"敬亭山"也看"我",两者相互看不厌,你中有我,我中有你,这种主体与客体的交融与合一,体现了存在论的精神。如果我们用存在论来理解"兴"的问题,那么"兴"的特点就凸显出来了。

"兴"的一个特点是不诉诸"理路",只是由自己的情感偶然"粘连"上,也不追求什么明确的目的和意义,表现什么确定的主题,正如徐复观所说,兴的功能是"形成一首诗的气氛、情调、韵味、色泽",与

---

① 见《庄子集解》第三册,郭庆藩撰,中华书局1961年版,第606页。

人的知识、认识无关；所以兴的发生完全是情感的偶然触发，不用费劲，随手拿来，所依靠的只是平日的感觉、体会、直觉、体验、感兴、想象、领悟、意会，如某个人先有找一个妻子的心情，于是偶然想起河洲上的成双成对的雎鸠鸟，为它们的雌雄相恋所触发，这便形成了"关关雎鸠，在河之洲。窈窕淑女，君子好逑"。这种偶然的感兴、联想、意会，正体现了存在论的重视人的感觉、体验的精神。兴的描写的另一个特点就是主体和客体互渗，不分主体与客体。在"兴"句中，物我交会，情景合一，写景就是写情，写情就是写景，景语与情语难于分别。例如大家都熟悉的李白的《黄鹤楼送孟浩然之广陵》：

故人西辞黄鹤楼，烟花三月下扬州。
孤帆远影碧空尽，唯见长江天际流。

这后两句似乎是直接敷陈描写，有人可能说是"赋句"，不是"兴句"。按我的看法这是"赋而兴"。李白到长江边送他的朋友远行，题目加前两句就写完了。后面两句不过是写他目送朋友的船渐行渐远的情形，特别是后一句"唯见长江天际流"，似乎已经与送友人的主题若即若离，说明这种写景的句子可以被理解为"兴句"。然而全诗最要紧的就是这两句，尤其是最后一句，实现了主客合一，"孤帆远影"，"长江天际流"是景但也是情，情粘连出景，景渗透了情，情景完全融为一体。也许有人会说你举的例子不典型，那么我们还是来举一首典型的兴体诗："桃之夭夭，灼灼其华。之子于归，宜其室家。"（《诗经·周南·桃夭》）"夭夭"，姣好风貌。"灼灼"，花朵鲜明繁华风貌。

桃花开放,和其鲜明繁华的风貌,与某人出嫁,获得家室,有什么关系呢?实际上关系十分密切,不是一种主题思想上的密切,不是概念上的密切,而是气氛上的密切,是情调上的密切。在桃花开放、色泽鲜艳的景物兴句中,"桃花"本来是被描写的客体,但又渗透着作为主体的诗人那种祝福、庆贺、兴奋的感情,结果主体与客体在这里合二为一,完全分不开了。但是这种关系不是概念式的,差不多是一种象征,所以"兴"就显得"隐蔽"了。主客不分,人与天地万物相往来,人要找回自己栖息的家,这就是存在论的要义所在。文学上的"兴",也可理解为一种艺术思维,它的确是存在论要义的一种折射。

(原载《陕西师范大学学报》2004年第6期)

《文心雕龙》"文外重旨"说

提要：本文认为刘勰的《文心雕龙·隐秀》篇提出"文外重旨"说。前人研究《隐秀》的"修辞"说、"风格"说、"艺术表现方法"说和"意象"说述评。本文认为"隐"与"秀"是刘勰提出的创作美学中的重要范畴，它是唐以后才开始成熟的"意境"说的先声和理论准备。正确理解"隐"的含义要用皎然《诗式》中的"两重意以上，皆文外之旨"，以及司空图《与极浦书》中的"象外之象，景外之景"来理解。不单纯是语言的含蓄问题，实际上是意境的创造问题。"秀"指的是作品中能"以少总多"的、"万虑一交"具有特征的形象的生动的描写，在艺术上能把全篇上升到一个突出的境界。它不仅仅是警句，更重要的是富于特征性的形象的描写。本文认为"隐秀"的生成是"润色取美"后达到的"自然会妙"。

《隐秀》篇是不是残篇伪作,目前还有争论。主张残篇说的人认为自"始正而末奇"至"朔风动秋草"的"朔"在宋本中原是一页,后抄本遗失,清代流行的"隐秀"篇是明人伪作。主要证据有三点:第一,清代学者纪昀认为"词句不类,究属可疑","似乎明人伪托"。即篇中一些用语也似乎与刘勰时代的用语不合。① 第二,黄侃发现,南宋人张戒的《岁寒堂诗话》中还引过这篇中的话:"情在词外曰隐,状溢目前曰秀。"可是这两句不见于《文心雕龙》篇中。那么流行的"隐秀"篇为赝品无疑。② 第三,刘永济又发现,流传的《文心雕龙》本有"文中有'彭泽之□□'句,此彭泽乃指渊明。然细检全书,品列全文,未及陶公只字。盖陶公隐居息游,当时知者已鲜,又颜谢之体,方为世重,陶公所作,与世异味,而陶集流传,始于昭明,舍人著书,乃在齐代,其时陶集尚未流传,即令入梁,曾见传本,而书(指《文心雕龙》——引者注)成已久,不及追加。……适足成伪托之证。"③根据以上三点断定本篇的大部分为明代人所补。这个说法从清人纪昀开始,成为一种主流的说法。但近人詹瑛和周汝昌提出不同看法,认为张戒所引这两句不足为凭。张戒还引过刘勰的"因情造文,不为文造情",原话也无法在刘勰的《文心雕龙》中查到。张戒只是大体上用了刘勰的意思。他们还一一说明《隐秀》篇的用语在刘勰之前也是有人用过的,

---

① 参见黄霖编著:《文心雕龙汇评》,上海古籍出版社2005年版,第134页。
② 参见黄侃:《文心雕龙札记》,华东师范大学出版社1996年版,第248页。
③ 刘永济:《文心雕龙校释》,台湾华正书局1981年版,第155—156页。

并非明代人才有的句式。詹瑛近著《文心雕龙义证》对此有详细介绍，可参看。他们所讲，是有道理的。引人之文，按自己的记忆引大体的意思，这种情况不但在古人那里有，就是在今人这里也有。张戒引文出错，也不是不可能的。真伪问题目前还难以断定。值得庆幸的是《隐秀》篇所谓"残留"下来的段落恰好是关键的文字，还能看出刘勰的基本思想。因此根据这些段落对"隐秀"问题作出研究虽然要受到一些影响，但仍然是有意义的。

我认为"隐秀"是中国古代文论、美论中独特的重要的范畴，提出了"文外重旨"说，思想很深刻，对后代的影响很大，其美学内涵值得我们好好体味。

一、"隐秀"四说

目前学术界对"隐秀"的文论和美学内涵有不同的理解。归纳起来，大体上有以下四说：

第一，修辞说。自清代以来，把"隐秀"解释为"修辞"，就成为了一种流行的看法，至今仍然有许多人持这一看法。大概从清人黄叔琳等开始，仅仅把"隐秀"看成是两种修辞手法，他们把《隐秀》篇与陆机的《文赋》的一些句子相类比，如"石韫玉而山辉，水怀珠而川媚"，"立片言而居要，乃一篇之警策"，认为"隐"就是含蓄，"秀"就是"警策"。如黄叔琳眉批："陆云平云，一篇之警策，其秀之谓乎。"[①]其后

---

① 参见黄霖：《文心雕龙汇评》，上海古籍出版社2005年版，第132页。

黄侃、范文澜等都持这一看法。黄侃《文心雕龙札记》:"言含余意,则谓之隐;意资要言,则谓之秀。隐者,语具于此,而义存乎彼;秀者,理有所致,而辞效其功。若义有阙略,词有省检,或迂其言说,或晦其训故,无当于隐也。若故作才语,弄其笔端,以纤巧为能,以刻饰为务,非所云秀也。"①如范文澜《文心雕龙注》:"隐秀"篇,"重旨者,文约而义丰,含味无穷,陆士衡云'文外曲致',此隐之谓也。独拔者,即士衡所云'一篇之警策'也。"②都是认为"隐秀"问题是修辞技巧问题。在现代把这个观点说得最为明确的是周振甫:"隐是含蓄,有余味,耐咀嚼,秀就是突出,像鹤立鸡群,是一篇中的警句。隐秀是修辞学里的婉曲格和精警格。"③

第二,风格说。刘师培在《论文章有生死之别》的讲题中说:"有警策而文采杰出,即《隐秀》之所谓'秀'。"又说:"刚者以风格劲气为上,柔以隐秀为胜。凡偏于刚而无劲气风格,偏于柔而不能隐秀者皆死也。"(见罗常培记录《汉魏六朝专家文研究》)④刘师培的意思是,"风骨"与"隐秀"是两种对立的风格,一偏于刚,一偏于柔。另外傅庚生1947年在《论文学的隐与秀》一文中谈刘勰的"隐秀"篇时说:"这篇的主旨,不外两层意思:第一是论文学的风格有隐与秀的不同;第

---

① 黄侃:《文心雕龙札记》,华东师范大学出版社1996年版,第249页。
② 范文澜:《文心雕龙注》下,人民文学出版社1958年版,第633页。
③ 周振甫:《文心雕龙今译》,中华书局1988年版,第350页。
④ 转引自詹锳《文心雕龙义证》下,上海古籍出版社1989年版,第1485页。

二是说隐可以'润色取美',秀却要'自然会妙'。"①詹瑛也主张风格论,但认为"隐秀不是单一的风格类型。它具有'隐'和'秀'两种相反的而实相成的特点。《隐秀》篇说:'夫隐之为体,义主文外,秘响旁通,伏采潜发。''秘响旁通,伏采潜发'和'状溢目前'是不是矛盾呢?表面上看来有矛盾,但还是可以统一起来。因为'隐'主要指篇而言,'秀'主要指句而言。'隐秀'这种风格是由'隐篇'和'秀句'所组成的。"②

第三,艺术表现方法说。钟子翱认为"隐秀"是"含蓄与突出两种艺术表现方法","文章要'有隐有秀',实际上是把隐与秀看成相互为用,相辅相成,不可分离的两种艺术表现方法——秀侧重于形象鲜明,隐侧重于意义含蓄,二者结合起来,就能刻画出生动如绘又意蕴丰富的艺术形象。"③钟子翱的意思是文学作品这种刻画艺术形象,有"隐"与"秀"两种艺术表现方法相结合,才会刻画出生动感人而有丰富意蕴的艺术形象来。这一说法与后面介绍的意象说相呼应。

第四,意象说。郁沅认为:"隐秀篇集中论述了意象的特征,就意的方面而言是'隐',就象的方面来说是'秀',所谓'隐'就是'义主文外'、'文外之重旨',或称'复意',这就是说,意象中的意具有多重性,说出的是一层,没有说出的还有一层,甚至是两层。所谓'秀',就是

---

① 参见詹锳:《文心雕龙义证》下,上海古籍出版社 1989 年版,第 1503 页。
② 詹瑛:《文心雕龙风格论》,人民文学出版社 1982 年版,第 92 页。
③ 钟子翱、黄安祯《文心雕龙论写作之道》,长征出版社 1984 年版,第 439—440 页。

'篇中的独拔者也'……'秀'不仅是指篇中的佳句秀句,而且是指十分成功的、具体生动的形象描绘。"①

不难看出,以上四说,前两说主要从文学作品的语言立论,认为是属于语言和文体层面的问题,后两说则从语言层面延伸到作品的艺术形象层面。我的看法接近第三、四说,但又有不同。我认为应该再进一步把"隐秀"延伸到中国传统的美学层面,就是说"隐秀"已经是中国美学和文论的最重要的范畴意境说的准备形态。

二、"隐秀"的美学内涵

我认为,"隐"与"秀"是刘勰提出的创作美学中的重要范畴,它是唐以后才开始成熟的"意境"说的先声和理论准备。唐以后成熟的意境论,可以追溯到庄子美学那里。大家都知道《庄子·田子方》中所描画的那位"真画者":"宋元君将画图,众史皆至,受揖而立;舐笔和墨,在外者半。有一史后至者,儃儃然不趋,受揖不立,因之舍。公使人视之,则解衣般礴臝。君曰:'可矣,真画者也'。"②对于这个故事可以有不同的解读。我的看法是,宋元君对于这位根本没有作画或不急于作画的人,称为"真画者",意思是要说明,画生于画之外。就是说,这位"解衣般礴臝"者,虽然没有画,但他那不拘礼节的样子,那神闲气定的精神,已臻神人之境,他才是心里最有底数的,是得"道"

---

① 郁沅:《论"文心雕龙"的纲及创作美学体系》一文,见《文心雕龙研究》第一辑第 61 页,北京大学出版社 1995 年版,第 61 页。
② 《庄子集释》第三册,郭庆藩撰,中华书局 1961 年版,第 719 页。

之人,才可能是真画者。这就如后来刘禹锡所说的"境生于象外"。意境不在象中,而在象外。意境的诸多特征都与庄子的思想有密切的联系。但就其直接的理论来源看,一个是钟嵘的"滋味"说,另一个就是刘勰的"隐秀"说了。

黄侃《文心雕龙札记》中说:"隐秀之义,诠明极艰,彦和既立专篇,可知于文苑为最要。"这话是不错的。一是重要,一是要把它的道理搞清楚,是很困难的。那么"隐秀"的美学内涵究竟是什么?刘勰说:

> 隐也者,文外之重旨者也;秀也者,篇中之独拔者也。隐以复意为工,秀以卓绝为巧。
>
> 隐之为体,义生文外,秘响旁通,伏采潜发,譬爻象之变互体,川渎之韫珠玉。故互体变爻,而化成四象,珠玉潜水,而澜表方圆。

刘勰对"隐"的解释是比较清楚的。"隐"就是"复意",语言的表面一层意义,外面还有一层或多层意义。就像爻象的"互体",变化多端。"隐"的核心思想是作家通过表层语言的描写,暗示出多种意义来。所以能够达到"深文隐蔚,余味曲包"的效果。因此,"隐"不单纯是修辞上的含蓄,含蓄只是通过文字的修饰,不把话说尽说满的意思,这还不是我们所理解的"复意"性。正确理解"隐"的含义要用皎然《诗式》中的"两重意以上,皆文外之旨",以及司空图《与极浦书》的"象外之象,景外之景"来理解。不单纯是语言的含蓄问题,实际上是意境的创造问题。"隐"作为一种美,是"言外"、"象外"、"意外"之美。"隐"的特点是它的"复意"性,它的"言外重旨",具体而言是指形象的双重结构,所谓"象外之象"是也,意思是第一个"象"要真实、生动、可感、鲜明,这是写在表面上的,可第二个"象"则应是空灵、虚幻、说不尽、道不完。这就是司空图所说的"近而不浮,远而不尽"。而优秀的作家、诗人更重视的是第二个"象"。有了这第二个"象"就达到刘勰所要求的"隐"了。例如,李商隐的《锦瑟》:

> 锦瑟无端五十弦,一弦一柱思年华。庄生晓梦迷蝴蝶,望帝春心托杜鹃。
>
> 沧海月明珠有泪,蓝田日暖玉生烟。此情可待成追忆,只是当时已惘然。

文句所写的几个比喻作为形象都很生动、鲜明,但它内涵的意义在文外,在象外,这就是"复意"的了,你可以把它理解为追怀身世,或抒写爱情感伤,或表达政治失意,还可以理解为别的什么。这就是"复意",就是"隐",所以,刘勰的"隐"是讲"诗不是锁在文句之内,而是进出历史空间里的一次交谈"[①]。唐宋时期开始成熟的意境就其构成而言可分为两大要素,就是意与境或情与景,意境是意与境融合,情与景交融,通过这种交融与融合,传达出一种味外之旨。"隐"是对"意"或"情"的审美追求,即对二重意、景外情的追求。"义生文外"、

---

① 叶维廉:《中国诗学》,三联书店1992年版,第72页。

"文外重旨"、"复意为工"、"余味曲包"、"情在词外"作为刘勰对"隐"的内涵的具体解说,它们的意义都指向象外、景外、味外的营构。可以说,中国古代意境论的精髓就在一个"外"字上面,"外"是一种空虚的、飘忽的、隐含的、不可见的世界,但又是可以体味的世界。因此我们不能不说唐代以后成熟的意境论就是从刘勰的"隐"这里起步的。

需要说明的是,追求"文外重旨"的"复意"说,是中国文论与西方文论区别的一个重要方面。西方文论重视的是文内之意,而中国文论的传统则重视"文外重旨",即"文外之意"。因此,刘勰所讲的"复意"与英美"新批评"所讲的"复义"(ambiguity)是不同的。1930年威廉·燕卜荪写出了《复义七种》一书,对诗的语言提出看法,即诗的语言具有"复义"性。他认为,"任何语义上的差别,不论如何细微,只要它使同一句话又可能引起不同的反应"[1],这就与"复义"有关。燕卜荪说:"不论是否称得上是复义,基本的情况是:一个词或一个语法结构同时有多方面的作用。举一个著名的例子来说:

  荒凉的唱诗坛不再有百鸟歌唱。(见莎士比亚十四行诗的第73首)

在这句诗中,没有双关语、双重的措词或模糊的感情,但是这种比较有许多理由可以证明是合适的:因为歌唱队员是成排坐着的;因为唱

---

[1] 《"新批评"文集》,赵毅衡编选,中国社会科学出版社1988年版,第305页。

诗坛是木制的,并有雕花;因为先前唱诗坛的四周有遮蔽的建筑物,体现出树林的形象,而有色玻璃和图画又像红花绿草一样点缀着它;因为唱诗坛现在已无人涉足,只有冬天的天空般的铅灰色的四壁为伴;因为男童歌唱队所表露的那种淡漠而顾影自怜的神态又同莎士比亚对十四行诗的对象的感情很协调;另外还有各种社会的和历史的原因(修教徒捣乱修道院;对清教主义的恐惧等等),各个原因所占的比重现在已经很难探索。必须把这种种原因和许多使这一比喻同它在诗中的地位联系起来的原因合在一起,才能赋予这一行诗以美感。由于不知道究竟应该突出哪一种因素,因此就有一种复义之感。"①很显然,燕卜荪的分析只是在寻找诗中的"唱诗坛"。

至于为何"荒凉",可能有两种原因,又可能是三种原因的复合,这就是"新批评"所看重的"复义"。换言之,燕卜荪的"复义"始终是围绕着诗的语言内来寻找的,而不是在言外、象外、韵外。

刘勰的所主张的"复意"则不是在言内来寻找的,而要到言外去寻找。两者是根本不同的。《隐秀》篇中提到一个"复意"的例子——汉代古诗《行行重行行》(这里且不说这是否明代人所补):

> 行行重行行,与君生别离。相去万余里,各在天一涯。
> 道路阻且长,会面安可知?胡马依北风,越鸟巢南枝。
> 相去日已远,衣带日已缓。浮云遮白日,游子不顾返。

---

① 《"新批评"文集》,赵毅衡编选,中国社会科学出版社1988年,第306—307页。

>思君令人老,岁月忽已晚。弃捐勿复道,努力加餐饭。

对于这首如此浅近的诗,历来有不同的解读。就诗的语言所呈现的情境看,无疑是一首思妇诗,丈夫或情人外出长久不归,留守在家中的妇人对丈夫或情人无比思恋,又无可奈何,只能自己劝自己,不要过分消极、悲伤,还是要"努力加餐饭"。但这只是言内之意。就言外来说,还有另一层意思,特别从"浮云遮白日,游子不顾反"来看,白日即是君王,"浮云"是进谗言的小人,那么这首诗所写的就是一个臣子因被小人进谗言而不能为君王服务所产生的痛苦了。这是言外之意,是"文外之重旨"。由此可见,刘勰的"复意"与燕卜荪的"复义"是不同的。刘勰追求的是言外之意。燕卜荪追求的是言内的多重意。这反映了中西重"虚"与重"实"的不同文化的区别。

但刘勰和后来的司空图等说的象外之象、景外之情、味外之旨的营构离不开景和境的描写,或者说离不开对象内、景内、味内的实在的描写不同,于是刘勰就提出"秀"来了。

"秀"是什么意思呢?一般认为是篇中警句,或是作品的风格,我的看法不同。刘勰自己说:"秀也者,篇中之独拔者也",又说,"秀以卓绝为工",这里并没有说就是篇中的警句。虽然"隐秀"篇后面也提出"篇章秀句,裁可百二"的说法,但这里的"秀句"仍然是指"篇"来说的。这句话的意思是,文章中的佳作名篇,百篇中大概也只有二篇而已。纪昀在评此句时写道"此秀句乃泛称佳篇,非本题之秀字。"[①]他

---

① 黄霖:《文心雕龙汇评》,上海古籍出版社2005年版,第134页。

的理解是对的。按刘勰的原意,"秀"是一种"独拔"的形象描写,它的功能是让人感到"卓绝"。从张戒所引"状溢目前曰秀"这句话来看,"秀"所指的是作品中能"以少总多"、"万虑一交"的具有特征的形象的生动的描写,在艺术上能把全篇上升到一个突出的境界。它不仅仅是警句,更重要的是富于特征性的形象的描写。所谓富于特征性的形象描写,就是指它的描写是个别的、生动的、感人的;它的内涵是深刻的、悠远的,甚至是不可言说的。前一方面是"状溢目前",后一方面是"独拔"、"卓绝"。"秀"作为佳篇应该是以上两种品质的结合。我想举《诗经·卫风·伯兮》第二段来说明:

自伯之东,首如飞蓬。岂无膏沐,谁适为容?

这显然是一首描写思妇的诗,自丈夫出征之后,就无情无绪,头发如飞蓬,有膏脂也不化妆,为什么会这样呢?因为丈夫不在,谁来欣赏我?我为谁化妆呢?写得很生动很贴切,把思妇的心理通过"首如飞蓬"、不愿化妆等曲折地写出来了。这些形象的描写,就是"秀",虽然不是什么警句,却是"状溢目前"的描写,同时又具有"独拔"的特征,获得"卓绝"的效果。

第二个例子,陶渊明的《归田园居》:

少无适俗韵,性本爱丘山。误落尘网中,一去三十年。
羁鸟恋旧林,池鱼思故渊。开荒南山际,守拙归田园。
……

这是诗的头四句。这里主要是叙述。但这叙述虽然十分平易,却十分精彩、精警,这就是"秀"。但这"秀"的叙述中隐含了许多问题。为什么陶渊明连官也不做,而归乡种田?为什么官场是尘网,为什么做官是"误落尘网"?诗人给出了一个答案:"羁鸟恋旧林,池鱼思故渊"。但这个答案只是一个比喻,难道人与鸟与鱼是一样的吗?这里是否还隐藏更深的含义呢?诗人是否要展现人的一种理想的生活方式?在艺术上是否有特别的追求呢?宋代大诗人苏轼曾经高度评价陶渊明的诗歌,说它"质而实绮,癯而实腴",质,就是质朴,绮,就是华丽,癯是讲人长得瘦,可引申为简要,腴是讲人长得胖,可引申为丰赡。苏轼的意思是陶渊明的诗,语言是质朴的,可又是华美的,内容似乎简单之极,细细品味则丰富无比。为什么会这样?用刘勰的观点看就是因为陶诗"秀"中含"隐"。尽管《文心雕龙》一书始终未提到陶渊明的诗,但我们用刘勰的观点,可以作出上面这些分析。总之,我想强调的是,这些具体可感的情感或景物的描写,不仅是指"卒章显其志"的警句。刘永济把"秀"称为篇中"秀处"、"警策处"是可以接受的。① 当然可以包括警句的描写,但不限于警句。如果说"隐"侧重"含不尽之意见于言外"的话,那么"秀"就侧重"状难写之景如在目前"了。换言之,"隐"侧重对意境中的"意"的提炼的规范,"秀"侧重对意境中的"境"的描写的要求,这规范和这要求同时达到,那么意境也就产生了。若用司空图的"象外之象"来解说,"秀"是第一个"象","隐"是第二个"象",象内之象,要求"秀",要求卓绝,独拔,历历如在

---

① 参见刘永济:《文心雕龙校释》,台湾华正书局 1981 版,第 157 页。

目前。通过这象内之象要达到"象外之象","这"象外之象"则要求"隐",要求复意,要求"情在词外",要求"文外重旨",要求"余味曲包"。

所以在刘勰看来,"隐"与"秀"是不同的,但又是密切联系在一起的。"隐以复意为工","秀以卓绝为巧",看似矛盾,实则相辅相成。就是说,复意之"隐"要靠外在的富于特征的描写来显现,而外在的"秀"的描写又要有内在的丰富的蕴含。隐与秀的关系是:"隐"体现于"秀"中,而"秀"又以"隐"为归宿。"隐"与"秀"可以是同一的。如陶渊明的诗句"羁鸟恋旧林,池鱼思故渊"的描写是"秀",是独拔、卓绝的形象,但其背后隐含了深微的品不完的意味;但作者这种描写和表现的归宿点也正是源于作者体会到的那种说不清的意味。"隐"与"秀"互相结合才能产生意境。刘勰当年追求"隐秀"之美,没有用"意境"一词,但其思路与唐代以后情与景、虚与实、象外之象、景外之景的论述是一致的。我们可以把"隐秀"视为意境理论的先声和准备形态。

三、"隐秀"提出的背景和生成问题

刘勰为什么要提出"隐秀"这个美学范畴呢?其背景是什么呢?我认为这与当时文学创作中存在的问题有关。刘勰生活的年代,文学创作得到了很大的发展。特别是曹氏父子之后,确有不少反映那个时代的"梗概多气"的以"言志为本"的作品涌现出来。这些刘勰在《文心雕龙》多有赞美。就是对那些讲究声律、骈偶、典故、辞藻的作品,也不是一概否定,而是有原则地加以肯定。但是随着现实和文学自身的变化,当时的文坛也的确存在不少问题。第一,对汉赋中仅得形似不满,他在《文心雕龙》"物色"篇中说:"及长卿之徒,诡势瑰声,模山范水,字必鱼贯,所谓诗人丽则而约言,辞人淫丽而繁句。"他对司马相如等人的某些辞赋仅仅描写一些景物和场面,缺乏深隐的内涵看来是很不满意的。对宋初以来"讹而新"的文风更有批评,《文心雕龙》"明诗"篇中说:"宋初文咏,体有因革。庄老告退,而山水方滋。俪采百字之偶,争价一句之奇,情必极貌以写物,辞必穷力以追新。此近世之所竞也。"虽然这里只是客观叙述,并没有判断,但从这叙述中不难感到,刘勰对颜谢为首的创作是有不满的。写山水没有错,但过多从写物上下功夫,从辞藻上下功夫,从外在的形式上下功夫,而不是从表现情志的真实与精微上下功夫,不是从内容上下功夫,不是从含蓄深隐上下功夫,这就是问题了。第二,刘勰又对那些质朴无文的作家和作品也表达不满,如"明诗"篇中说:"兼善则子建、仲宣,偏美则太冲、公幹"。太冲即左思,公幹即刘桢,说他们"偏美"是指他们文采不足,偏于质朴。刘勰多处提到曹操父子,对于曹丕与曹植,他比较喜欢,用了许多赞美之词。但对曹操的评价就很一般,原因是曹操没有文采。刘勰喜欢的是"兼通"者,即既能有文采,"独拔"而"卓绝",又能有"文外之重旨",有"复意"。由此不难看出,刘勰提出"隐秀"的要求,是有现实性的。他认为要治文坛的上述两种弊端,就要提倡"隐",使诗文有含蓄的内涵,同时又要提倡"秀",使诗文有生动而卓绝的描写,并使这两者结合起来。张戒所引的那两句话"情在词外曰隐,状溢目前曰秀",倒是最能说明刘勰隐秀的美学追求。

关于"隐秀"的生成问题。对此刘勰"原道"篇的以自然本体美的观点,认为不论"隐"还是"秀",隐与秀都"非研虑之所课(求)",而是要"思合而自逢"。这意思是创作中"隐秀"品质的获得,不是刻意课求的结果,是自然而然获得的,"文章本天成,妙手偶得之",就是这个意思。但刘勰提出了"自然会妙"之自然美和"润色取美"之人工美两点,他首先说明,"隐"或"深"的审美规范并非故作晦涩深奥,"秀"的审美规范也不是"雕削取巧",最高的理想是"自然会妙";其次刘勰并没有否定"润色取美",他的意思是,就像那丝绸染成红色绿色,但不要让人看出"染"的痕迹来,即加工而不露痕迹。就是说在染色的高手那里,虽下了染色的功夫,但仍让人觉得这是自然本色。由此看来,他所说的"自然会妙"是经过"润色取美"的更高的自然美,这是一种更高的境界。"情采"篇有"贲文穷白,贵乎反本"的说法,"贲"就是文饰,贲的卦象从文饰发展到顶点,又返回到白色。这是由人工美达到自然美的境界。刘勰在《神思》篇、《体性》篇、《事类》篇等,都讲过人的知识学习、积累和人格的修养的重要性,认为"自然会妙"是和平日的学习、积累和修养分不开的。我们似应从这个角度来理解"隐秀"生成中的"自然会妙"的观点。

"隐秀"作为一个范畴是刘勰总结出来的,但它是中国古代文化的产物。中国文化与西方文化的一个不同之点是,中国人重"无",特别是以老庄为代表的道家,他们的观点基本上是重无,整个的宇宙,不过是"无中生有"。庄子说:"夫道,有情有信,无为无形;可传而不可授,可得而不可见;自本自根,未有天地,自古以固存;神鬼神帝,生天生地;在太极之下不为深,先天地生不为久,长于上古不为老。"①这是《庄子》一书中对"道"最为全面的解释。这里的规定是多方面,但有一点很重要,那就是道是"无为无形"的,处于"无"的状态,但这"无"生有,连鬼神、天地、万事万物都是由"无"生出来的。"无"是一切有的根源,万物从"无"生。这个观念是中国文化中很重要的一种传统。在"无"与"有"的关系中,"无"是最为重要的,但不能停留在"无",还要"有",如果没"有",那也就没有天地,没有世间万事万物。中国古代文化重农轻商。农事就是典型的从无到有的过程。春天来到了,农民在自己的田地上面,播下了种子。然后他站在田头,向自己的田地瞭望,看不见什么东西,因为没有长出来,似乎就是"无"。但在他的想象中,是稻谷种子发芽、生长、开花、结果,秋天来到,稻谷熟了,满地的金黄的饱满的稻穗。所以他从种子想到丰收,从"无"中想到"有"。后来这个"无"与"有"的观念,被转化为艺术的观念,那就是"虚实相生"。中国古代绘画构图的最重要之点就是要留空白,但这空白不是空洞,是实中之虚。在刘勰这里,就转化为"隐秀"。"隐"也可以说就是"无"的一种状态,但不能总是"无","无"要转化为"有",因为"有"才能体现出"无"。这"有"就是"秀","秀"是"状溢目前",这种描写是存在,是实有,看得见,听得到,而其背后则是"隐",是"复意"。这与西方的观念是不同的。西方人则认为"有"才是万物的起源。反映到文学艺术上,就看重"实"和"明"。"隐秀"这一文论

---

① 《庄子·大宗师》,见《庄子集释》第一册,郭庆藩撰,中华书局1961年版,第246—247页。

范畴是中国文化结出的果实。

（原载《陕西师范大学学报》2007年第2期）